OPEN
# YOUR HEART
AND FIND
*your wild.*

WWW.GUIDEME.CH  ⓞ  GUIDEME_TRAVEL

# Das bin ich

*Cookie's Lieblingsplätze sind auch für Hunde super geeignet.*

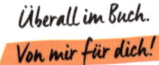

*Überall im Buch. Von mir für dich!*

*Inhalt*

60

16

22

32

# Hello
## Das bin ich

### LAURA LUCIE

Meine Hündin Cookie ist meine
treue Begleiterin und so sind auch
ihre Lieblingsplätze überall im
Buch gekennzeichnet!

Mein berliner
Lieblingsgericht?

Lachsbagel von
„What do you fancy love" und
Burger von Shiso Burger.

3 Dinge, die du
unbedingt mitnehmen solltest:

☐ Coole Sneaker
☐ Offenheit
☐ Kamera

Meine
Lieblingsfarben

WWW.LAURRALUCIE.DE
⬜ LAURRALUCIE

Hallo, ich bin Laura, derzeit Content-Creator, und wohne in der wunderschönen Stadt Berlin. Vor sechs Jahren hat mich das Modemanagement-Studium aus meiner Heimat Nürnberg in unsere Hauptstadt gelockt, seither kann ich mich nicht mehr davon trennen. Während der drei Studienjahre habe ich nebenbei erst als Stylistin und danach im Buying gejobbt, nach dem Bachelor Abschluss zog es mich als Campaign Manager bei Zalando ins kiezige Kreuzberg. Zwei Jahre später bin ich das Wagnis eingegangen, mich als Content Creator selbstständig zu machen, bin auf Reisen gegangen und habe unglaublich tolle Orte gesehen. Mein Ziel, alle sechs Kontinente zu bereisen, bevor ich 25 bin, habe ich erreicht!

Berlin aber hat einen besondern Platz in meinem Herzen. Und auch wenn ich immer wieder überlegt hatte, zurück in meine Heimat zu ziehen, bin ich nun immer noch hier und konnte es mir dann doch nie ernsthaft vorstellen, mich von dieser unfassbar schönen Stadt zu trennen. Also traf ich die Entscheidung, in beiden Orten zu wohnen. So genieße ich mein Berliner Leben und bin trotzdem nah bei meiner großen Familie, die mir unheimlich wichtig ist. Berlin ist offen, bunt, laut, schräg und speziell. Hier macht jeder, was er möchte, und jeder ist, wer er sein möchte, kein Verstecken und kein Verstellen. Daher sollte man in Berlin keine Verklemmtheit zeigen und auch nicht über andere urteilen. Genieße es, dass hier so viel „bunte Vögel" herumlaufen oder sei selbst einer. In diesem Reiseführer habe ich die besten und interessantesten Spots sowie meine absoluten Lieblingsplätze dieser einmaligen Stadt zusammengetragen.

*Und jetzt komm mit,
ich zeige dir Berlin!*

Berliner Unterwelten

Mauerpark

Kultur Brauerei

Wedding & Moabit

Futurium

HOUSE OF SMALL WONDER

House of Small Wonder

Mitte

Tiergarten

Bier's Kudamm 1952

Jüdis Muse

Curry 36

Charlottenburg & Wilmersdorf

Strandbad Wannsee

Thaipark (Preußenpark)

# BERLIN
## *Bucket List*

Currywurst

Konnopke's Imbiss

Spooning Cookie Dough Bar

...nthaler Platz

**Prenzlauer Berg**

...CK & WEIGHT
KILO STORE
...pen bei Picknweight

**&**

**Friedrichshain**

East Side Gallery

MARKT HALLE NEUN
Markthalle Neun

Spree

Alle Highlights sind im Buch
mit einem ⭐ gekennzeichnet

**Kreuzberg & Neukölln**

Tempelhofer Feld

**BLOSS NICHT VERPASSEN!**

- ⭕ ROSENTHALER PLATZ
- ⭕ FUTURIUM
- ⭕ HOUSE OF SMALL WONDER
- ⭕ PICKNWEIGHT
- ⭕ MAUERPARK
- ⭕ EAST SIDE GALLERY
- ⭕ KULTUR BRAUEREI
- ⭕ SPOONING COOKIE DOUGH BAR
- ⭕ JÜDISCHE GESCHICHTE
- ⭕ DIE BESTE CURRYWURST
- ⭕ TEMPELHOFER FELD
- ⭕ MARKTHALLE NEUN
- ⭕ STRANDBAD WANNSEE
- ⭕ THAIPARK (PREUSSENPARK)
- ⭕ BERLINER UNTERWELTEN

TO BE CONTINUED...

- ⭕ .........................................
- ⭕ .........................................
- ⭕ .........................................
- ⭕ .........................................
- ⭕ .........................................
- ⭕ .........................................
- ⭕ .........................................
- ⭕ .........................................

# VOR DEINER REISE

*Gut zu wissen*

## NICHT VERGESSEN

Im Sommer: Pack die Badesachen ein, und dann nischt wie raus zum Wannsee! Immer: Stylishes Party-Outfit.

## ERMÄSSIGUNGEN

**BERLIN WELCOME CARD** – Die Berlin WelcomeCard ist eine Art offizielles Touristenticket der Stadt. Es gilt im gesamten Berliner Stadtgebiet in allen öffentlichen Verkehrsmitteln (U-Bahn, S-Bahn, Straßenbahnen, Busse, auch Fähren der BVG). Die Mindestlaufzeit beträgt 48 Stunden, man kann es auch für 3, 4, 5 oder 6 Tage buchen. Zudem beinhaltet die Karte eine Vielzahl von Rabatten, mehr als 200 Partner (Museen, Restaurants, Cafés, Theater…) gewähren bis zu 50 Prozent.
Es ist sinnvoll, sich schon vor der Fahrt nach Berlin etwas mit der WelcomeCard zu beschäftigen. Sie ist bequem als Online-Ticket und per telefonischer Bestellung im Berlin Service Center (030 - 25 00 23 33) erhältlich. Vor Ort verkaufen viele Reisebüros und Veranstalter die WelcomeCard, auch in Tourist-Infos, an den Flughäfen, in vielen Hotels sowie an BVG-Automaten ist sie erhältlich. Die Preise: 48 Stunden: 23 Euro, 6 Tage 49 Euro. Wer im Berliner Umland wohnt, zahlt für 48 Stunden 28 Euro, für 6 Tage 52 Euro. (www.berlin-welcomecard.de)

## UNTERWEGS

**MIT BUS UND BAHN** – Als Gast in der Stadt kommst du (wie auch die meisten Berliner) an den öffentlichen Verkehrsmitteln kaum vorbei. Die Stadt hat ein sehr gut ausgebautes S-, U- und Straßenbahnnetz, zudem gibt's jede Menge Buslinien. Auf bvg.de und www.s-bahn-berlin.de kannst du die für dich wichtigen Linien recherchieren und Karten der Liniennetze downloaden.
**MIT DEM TAXI** – Taxis sind aus dem Straßenbild Berlins nicht wegzuden-

ken, etwa 7500 sind hier unterwegs. Die Tarife – tagsüber und nachts, auch am Wochende immer gleich – sind verbindlich. Grundpreis 3,90 Euro, Normaltarif bis 7 km: 2 Euro/km, ab 7 km 1,50 Euro/km. Zahlen kann man bar, mit EC-Karte oder Kreditkarte.

**MIT DEM AUTO** – Für die Anreise mit dem Auto wichtig: Die Innenstadt ist Umweltzone. Wer dort unterwegs ist, muss eine Plakette am Fahrzeug haben, die die Schadstoffgruppe angibt. Für's Parken empfiehlt es sich, eine App von Anbietern wie Easypark, Park now, Travipay und Trafficpass aufs Händy zu laden. Damit kannst du in Parkzonen günstiger und bequemer parken.

Ortsfremde sollten ihr Auto innerhalb der Stadt aber möglichst stehenlassen und öffentliche Verkehrsmittel nutzen. Das ist in der Regel schneller.

## SICHERHEIT

In der Millionenstadt Berlin gibt es Bereiche und Orte, die Gäste der Stadt insbesondere abends und nachts möglichst nicht allein aufsuchen sollten. In Berlin nennt man diese Gegenden „kriminalitätsbelastete Orte". Dort ist die Polizei stärker präsent als anderswo und führt häufig Personenkontrollen durch. Besonders kriminalitätsbelastete Orte sind: Alexanderplatz, Leopoldplatz, Schöneberg-Nord, Görlitzer Park, Warschauer Brücke, Kottbusser Tor, Teile der Hermannstraße, Hermannplatz sowie ein kleiner Bereich der Rigaer Straße.

Touristen werden häufig Opfer von Taschendiebstahl. Denn sie, das haben auch die Bandenchefs und Familienclans erkannt, haben oft viel Geld dabei. In zahlreichen Bahnhöfen muss man mit Kinderbanden rechnen, die als Taschendiebe „arbeiten". Im Gedränge ist es leichter, in Rucksäcke, Umhängetaschen usw. zu greifen. Im Einsatz sind dabei z. B. der Beschmutzer-Trick und der Stadtplan-Trick.

**FÜR ALLE FÄLLE:** Drogen-Notdienst: Telefon: 030 192 37

## LINKS

**MITVERGNUEGEN.COM** – Digitales Stadtmagazin mit kulturellen und kulinarischen Tagestipps und Geschichten aus der Berliner Szene. Regelmäßig Schwerpunkte zu einzelnen Kiezen.

**STILINBERLIN.DE** – Als Modeblog gestartet, berichten die (englischsprachigen) Autoren mittlerweile über alle Aspekte des Berliner Lebensstils.

# REISE-KNIGGE

**UNBEDINGT VERMEIDEN!**

*Auf keinen Fall solltest du …*

… *das* Zentrum suchen. Berlin hat viele davon: Alexanderplatz samt Ost-Berliner Mitte, Ku'damm samt City-West, dazu die Bezirkszentren.

… Schmuggelware kaufen. Dabei macht sich nämlich auch der Käufer strafbar. Versuchungen gibt's: die Schachtel Zigaretten zum halben Preis, …

… in Landwehrkanal oder Spree schwimmen wollen. Bei starken Regenfällen nehmen die nämlich den Überlauf aus der Kanalisation auf.

… Promis ansprechen oder mit Selfie-Wünschen belästigen. In Berlin leben viele Prominente, und die wünschen sich auch ein Privatleben.

… Mustafas Gemüsekebap für die einzig gute Dönerbude Berlins halten. Es gibt zahllose weitere Buden die in puncto Geschmack & Qualität mithalten können.

… im Februar Karneval feiern. Berlin ist nicht gerade eine Narrenhochburg, man feiert eher den Karneval der Kulturen – im Mai, wenn's warm ist!

…dein Einzelticket nicht stempeln. Wer erwischt wird, berappt 60 Euro. Besser ein Wochenticket oder die WelcomeCard kaufen.

… ungefragt Stylingtipps geben. Berlin ist sehr tolerant, auch was die Klamotten angeht gilt: „Jeder nach seiner Façon". Underdressed? Gibt's nicht.

**Bestellen Sie das Reisebuch und machen Sie sich auf den Weg!**

Grand Tour der Moderne

**Bauhaus 100
Orte der Moderne**

Herausgeberin:
Bauhaus Kooperation
Berlin Dessau Weimar
2019 · 316 Seiten
500 Abb. gebunden
13,50 x 26,50 cm

Deutsche Ausgabe:
€ 18,— · ISBN:
978-3-7757-4613-7
grandtourdermoderne.
de/reisebuch

Englische Ausgabe:
€ 18,— · ISBN:
978-3-7757-4614-4
grandtourofmodernism.
com/travelguide

**grandtourdermoderne.de**

Gefördert von der Beauftragten der Bundesregierung für Kultur und Medien aufgrund eines Beschlusses des Deutschen Bundestages sowie durch das Land Sachsen-Anhalt und den Freistaat Thüringen.

Die Beauftragte der Bundesregierung
für Kultur und Medien

SACHSEN-ANHALT

Freistaat
Thüringen

Im Rahmen von

100 jahre bauhaus

# BERLIN Mitte

Mit Abstand gibt's hier die meisten must-see sights Berlins. Das Brandenburger Tor und das Regierungsviertel gehören ebenso zum Pflichtprogramm wie die Museumsinsel und der Boulevard Unter den Linden. Ob an der Humboldt-Universität, wo Wissenschaftler wie Albert Einstein oder Rudolf Virchow lehrten, oder im Anschluss an der Karl-Lieb-knecht-Straße Neue Wache, Gendarmen-markt mit Konzerthaus, Deutscher und Französischer Dom: Kaisers Zeiten werden sichtbar. Shopping geht in Mitte natürlich auch, z. B. in den Hackeschen Höfen.

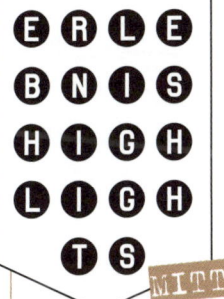

> FOTOGRAFIEREN AM GENDARMENMARKT

> TRABIFAHREN IM SIMULATOR

> AUSBLICKE IN DIE
ZUKUNFT WAGEN

> KILOWEISE SHOPPEN

> ..............................

> ..............................

> ..............................

*Mittendrin sein in der Hauptstadt: Hallo in Berlin!*

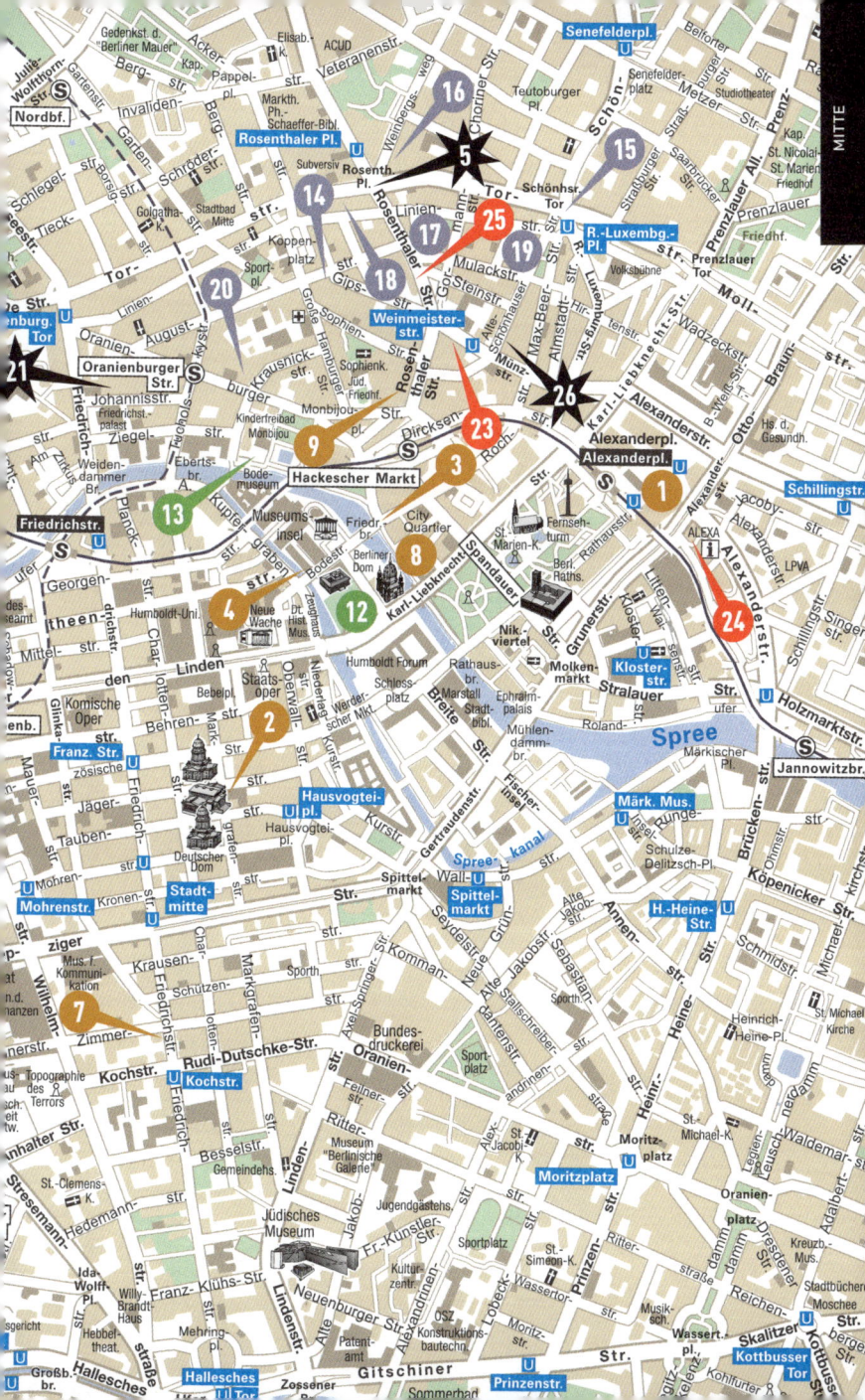

Eine tolle Perspektive wie hier ergibt sich übrigens vor dem Bahnhofsgebäude, Dircksenstraße Ecke Alexanderplatz.

# SEHENSWERTES

## 1. FERNSEHTURM & ALEX

Um dir erstmal einen Überblick über Berlin zu verschaffen, fährst du am besten rauf auf den Fernsehturm. Er ist das Highlight der Berliner Skyline. Von dessen Aussichtsplattform in 203 m Höhe reicht der Blick bei guter Sicht bis ins Umland der Hauptstadt. Um Schlangestehen (jährlich 12 Mio. Besucher!) zu vermeiden, entweder vorab online buchen oder den SMS-Service nutzen: Sobald du an der Reihe bist, erhältst du eine Nachricht. Wenn du Zeit und Appetit mitbringst, ist das Restaurant *Sphere* über der Aussichtsplattform ein Tipp: Zweimal pro Stunde dreht es sich um die eigene Achse, und Berlin zieht an dir vorbei. **Schöne Fotos vom Fern-**sehturm lassen sich übrigens von der **Dachterasse des Park Inn Hotels di-**rekt am Alexanderplatz machen. Und **ein Low-Budget-Tipp ist diese oben-**drein. Denn: Für 3 Euro kannst du **dort täglich von 14 bis 18 Uhr nach Herzenslust fotografieren und natür-**lich die Aussicht genießen!

## WHO THE F*** IS ALEX?

Zu Füßen des Fernsehturms liegt der Alexanderplatz, der liebevoll auch „Alex" genannt wird. Mit dem „Brunnen der Völkerfreundschaft" und der Weltzeituhr erinnert er an DDR-Zeiten und ist der wohl wichtigste Platz Berlins. Auf den Freiflächen tummeln sich Shopper, Turmbesucher und Skater, die die Treppen und Blumenkübel unsicher machen.

Alexanderplatz 1 | Station: Alexanderplatz

## 2. GENDARMENMARKT

Den Gendarmenmarkt darfst du beim Sightseeing einfach nicht auslassen! Historisch-prächtiger als hier wird's in Berlin nicht. Deutscher Dom, Französischer Dom und das Konzerthaus bilden mit Kuppeln und Säulen eine wunderschöne Kulisse. Drumherum Geschäfte, Restaurants und Cafés – wobei auf dem Platz selbst regelmäßig Veranstaltungen stattfinden, wie der Weihnachtsmarkt und Open-Air-Konzerte im Sommer. In jede Richtung des Platzes gibt es schöne Locations, bei denen du tolle Fotos mit schönem Hintergrund machen kannst. **Ich persönlich mag es sehr, wenn bei Fotoshootings historische Architektur im Hintergrund ist – das wertet jedes Bild total auf und macht etwas Besonderes daraus. Auch wenn es bei meinen Bildern meist primär um Outfits etc. geht, wähle ich die Locations immer sorgfältig aus!**

Der Französische Dom – vom Konzerthaus gesehen links – hat auf 40 m Höhe eine Aussichtsplattform, die den Aufstieg (254 Stufen) lohnt. Wieder unten auf der rechten Seite, unter Bäumen versteckt, wäre da noch das 1880 aus grünem Stahl errichtete „Café Achteck" – es heißt so, weil man dort „seinen Kaffee wegbringt" (du erahnst, es ist ein Klo-Häuschen). Rechts vom Konzerthaus liegt zu guter Letzt der Deutsche Dom, der wie der Französische Dom nie eine Kirche war, sondern „nur" ein Turm mit Kuppel (frz. dôme).

Der beste Zeitpunkt um Fotos zu schießen ist der späte Nachmittag (im Sommer) oder abends, wenn der Platz durch die beleuchteten Gebäude einen ganz eigenen Charme bekommt. Morgens und mittags sind Aufnahmen zum einen wegen der vielen Besucher, zum anderen wegen des einfallenden Gegenlichts schwierig.

Gendarmenmarkt 1 | Station: Genarmenmarkt

FOTO TIPP FOTO TIPP FOTO TIPP FOTO

Willst du dich vor einem Gebäude fotografieren, empfiehlt es sich, wenn du dich auf eine Mauer oder eine Bank setzt und von unten fotografiert wirst. So bekommst du das Gebäude garantiert bis zur Spitze schön drauf.

### 3. FRIEDRICHSBRÜCKE & MUSEUMSINSEL

Ein total beliebter Foto-Spot auf dem Weg zur Museumsinsel ist die Friedrichsbrücke. Für den perfekten Shot setzt du dich am besten von der Museumsinsel kommend, links auf die Brüstung und fotografierst dich mit dem imposanten Berliner Dom im Hintergrund. Wenn du dich relativ am Anfang der Brücke positionierst, hast du den Dom schön drauf. **Ebenfalls als Foto-Location geeignet sind die Kreuzgänge der Museumsinsel. Allen voran der erste Gang rechts (von der Brücke kommend). Hier shooten zu Recht viele Mode-Marken oder Brautpaare.**

Der eigentliche Star ist jedoch die Museumsinsel mit ihren weltberühmten Großmuseen (UNESCO-Welterbe), die ebenfalls ein absolutes Muss ist. Neues und Altes Museum, Alte Nationalgalerie, Bode- und Pergamonmuseum – du wirst sie kaum alle schaffen. Das Bode-Museum (Skulpturen, Münzen und byzantinische Kunst) und das Neue Museum (Altägypten, u. a. mit Exponaten aus Troja und der weltberühmten Nofretete-Büste) sind bereits fertig modernisiert und schon deshalb einen Besuch wert!

Friedrichsbrücke | Station: Hackescher Markt

*Aber auch direkt neben der Brücke gibt es eine tolle Perspektive, bei der man den Dom mal von einer anderen Seite sehen kann!*

## 4. JAMES-SIMON-GALERIE

Seit Juli 2019 ist Berlin um eine architektonische Perle und eine tolle Foto-
Location direkt an der Spree rei-
cher: die James-Simon-Galerie, das
Besucherzentrum der Museumsinsel am Kupfergraben neben dem Pergamonmuseum. Direkt neben den al-
terhwürdigen Museen ist damit eine
moderner Gegenpol entstanden. Der
Kontrast von historisch und modern,
von schweren Säulen und schlanken
Pfeilern, ist zum Fotografieren (und
auch zum Angucken!) einfach toll!
Wendet man sich vor dem Eingang der
Galerie nach links zur Terrasse, sind
dort ganz viele Säulen, die nachmittags ein wunderschönes Schattenspiel
bieten (Eintritt bis hierhin ist frei).
**In dieser perfekt minimalistischen
Location kann man seiner Kreativi-
tät beim Fotografieren freien Lauf
lassen. Einen besseren Fotospot für
einen „cleanen" und modernen Look
kann man sich kaum vorstellen.**
Ich hatte den Spot zufällig schon entdeckt, als hier noch eine Baustelle
war, und mich riesig auf die Eröff-
nung gefreut, da die ersten Steps des
Baus schon erkennen ließen, was für
ein tolles Gebäude das einmal werden
würde.

Bodestraße 1-3 | Station: Hackescher Markt
oder Friedrichstraße

## 5. ROSENTHALER PLATZ

Der „Rosi" ist nicht wirklich eine Sehenswürdigkeit, gehört aber trotzdem zu den Attraktionen von Mitte. In den Kneipen und Restaurants hier und in der näheren Umgebung ist nämlich immer was los, in den vielen Bars tummelt sich die Berliner Szene – ganz vorne die Neue Odessa Bar (Torstraße 89, 10119 Berlin), die in meinen Augen die typische Berliner Coolness verkörpert. Andere tolle Locations sind das Haus am See (Brunnenstraße 197-198, 10119 Berlin) und die Charlie Sheen Bar (Brunnenstraße 196, 10119 Berlin), die sich rund um den Rosi befinden. **Hier gibt es noch viele weitere tolle Lokale zu entdecken. Den Abend am Rosi zu beginnen, ist auf jeden Fall immer eine gute Idee!** Nur einen Katzensprung entfernt lädt am Weinbergsweg der Volkspark am Weinberg im Sommer mit großer Rasenfläche zum Chillen ein.

Torstraße 125 | Station: Rosenthaler Platz

*Was ganz typisch Berlinerisches ist übrigens, sich beim Späti ein Sterni als „Wegbier" zu holen, bevor man sich in einer der Bars niederlässt.*

# BUCKET LIST
## Rosenthaler Platz

Hier war ich überall am Rosenthaler Platz

BAR 1

BAR 2

BAR 3

BAR 4

**FOTO TIPP** FOTO TIPP FOTO TIPP FOTO TIPP FOTO

Stelle dich an der von vorn gesehen rechten Ecke auf den Bordstein und fotografiere dich seitlich vor dem Tor, so kannst du das nervige Schild an der rechten Seite umgehen.

## 6. BRANDENBURGER TOR & UNTER DEN LINDEN

DAS Wahrzeichen Berlins, an dem man im wahrsten Sinne des Wortes einfach nicht vorbeikommt! Denn schlendert man den 1,5 km langen Boulevard Unter den Linden entlang, kommt man an vielen Berliner Sehenswürdigkeiten vorbei (Museumsinsel, Staatsoper, Humboldt-Universität, Neue Wache, mehrere Botschaften, Madame Tussaud's), bevor man schlussendlich auf dem schönen Pariser Platz steht und staunend auf das Brandenburger Tor blickt. Kaum vorstellbar, aber als es 1791 seinen Job antrat, war Berlin dahinter zu Ende. Zunächst hieß es Friedenstor, wegen der Siegesgöttin und Friedensbringerin Viktoria,

die mit Pferdchen, Wagen, eisernem Kreuz und preußischem Adler die „Spitze" bildet, welche ihre eigene wechselvolle Geschichte hat. 1806 wurde sie von Napoleon als Kriegsbeute nach Paris „entführt", bevor sie neun Jahre später an ihren Platz zurückkehrte. Nach dem zweiten Weltkrieg fungierte das Brandenburger Tor dann als Teil der Mauer, das West- und Ost-Berlin trennte und wurde so zum Symbol der deutschen Teilung. „Mr. Gorbachev, open this gate!" rief 1987 US-Präsident Reagan bei einem Besuch in West-Berlin, keine drei Jahre später war das Wirklichkeit.

**Sehenswert ist auch der Bebelplatz vor der Staatsoper, wo zur NS-Zeit große Bücherverbrennungen stattfanden. Heute erinnert die „versunkene Bibliothek" daran. Ein in den Boden eingelassener unterirdischer Raum (!) voller leerer weißer Bücherregale. Durch eine ins Straßenpflaster eingelassene Glasplatte kannst du ihn betrachten.**

Pariser Platz | Station: Brandenburger Tor

# Illuseum
# Berlin

## Willkommen

im Illuseum Berlin. Ein Ort in dem nichts zu sein scheint
wie es ist, und in dem spielerisches Lernen, Unterhaltung
und Interaktivität im Mittelpunkt stehen.

**Karl-Liebknecht-Str. 9 | 10178 Berlin**
**Täglich 10:00 – 20:00 Uhr**
illuseum-berlin.de

Checkpoint Charlie

## 7. CHECKPOINT CHARLIE & FRIEDRICHSTRASSE

An diesem berühmten Grenzübergang in der Friedrichstraße war der Kalte Krieg nach dem Bau der Berliner Mauer beinahe mit Händen zu greifen. **Das Mauermuseum am Checkpoint Charlie lässt seine Dramatik spürbar werden. Ob mit Mini-U-Boot oder Heißluftballon – die Ausstellung am einstigen Grenzübergang zeigt, was alles versucht wurde, um von Ost nach West zu flüchten.** Du erfährst aber auch viel über das Leben im geteilten Berlin.

In den 1920er-Jahren pulsierte hier das Leben, die 3,5 km lange Friedrichstraße war von Bars, Varietés und Theatern gesäumt. Die Mauer schnitt sie in zwei Teile, heute haben sich auf dem Ost-Pendant zum Ku'damm schicke Geschäftshäuser wie die Galeries Lafayette etabliert, die Architektur-Interessierte mit dem verglasten Atrium, Shopping-Freunde mit bekannten Designer-Marken von Gucci bis Valentino und Feinschmecker mit einer Food-Etage locken.

Friedrichstraße 43-45 | Station: Kochstraße

*Tipp: Mit dem Online-Ticket kommst du ohne langes Anstehen und Wartezeiten rein.*

## 8. DDR-MUSEUM

Hier wird Interaktivität großgeschrieben. Hast du z. B. Lust auf eine Trabi-Fahrt durch Ostberlin? Im Fahrsimulator des DDR-Museums wird das (beinahe) Wirklichkeit. Und dabei bleibt es nicht. Sehr plastisch und lebensnah bekommst du eine Vorstellung vom Alltag in der DDR, vom Leben im Sozialismus: Schlangen vor der Kaufhalle, Jugendweihe, FKK-Urlaub, die Schreibmaschine „Erika", eine originalgetreu eingerichtete Plattenbauwohnung und die Musik von *Karat* oder *City*, die man über Kopfhörer hören kann. **In einer originalen DDR-Küche gibt's alte Rezepte zum Ausdrucken und Nachkochen.** Auf rund 1000 m² kannst du hier mehr oder weniger ohne Vorwissen in den sozialistischen Alltag eintauchen – DDR-Realität und Propaganda zum Anfassen und Nachfühlen. Alles andere als langweilig!

Karl-Liebknecht-Straße 1 | Station: Hackescher Markt

*Pssst! Das wohl beste Eis der Stadt soll es bei „Cuore di Vetro" um die Ecke geben. Und das hat das ganze Jahr geöffnet!*

## 9. HACKESCHE HÖFE

Noch einer und noch einer, dahinter noch einer… So verwinkelt wie hier sind Berliner Hinterhöfe selten. In den acht zu Beginn des 20. Jh. erbauten Hackeschen Höfen, die schon damals einen Mix aus Wohnen und Arbeiten boten, haben sich heute hinter der tollen Jugendstilfassade Cafés, ein Kino, Galerien, ein Varieté und Boutiquen etabliert. Es gibt zwei Zugänge zu den Höfen – einen in der Rosenthaler Straße und einen in der Sophienstraße.

**Mehr Frischluft bietet das Areal um den Hackeschen Markt**, wo sich in den kleinen Seitenstraßen sowohl originelle Läden als auch Bars, Clubs und Restaurants aneinanderreihen – insgesamt ein beliebter Treffpunkt für Shoppaholics, Szenegänger, Touristen und Nachtschwärmer!

Vor dem Krieg lebten rund um die Hackeschen Höfe mit ihrer Handwerks- und Einzelhandelstradition übrigens viele Juden, wovon u. a. die teilweise wiedererrichtete Neue Synagoge in der Oranienburger Straße zeugt.

Rosenthaler Straße 39 | Station: Hackescher Markt

## 10. DEUTSCHES SPIONAGEMUSEUM

Im Kalten Krieg mit den Protagonisten USA und UdSSR galt Berlin als Hauptstadt der Spione. Wenn du in deren Welt eintauchen möchtest, bist du in diesem hochmodernen High-Tech-Museum (2015 eröffnet) richtig. Und auch wenn dich die Antwort auf die Frage interessiert, wer mehr über dich weiß – NSA, Facebook oder Payback.

**Außerdem kannst du deine Spionagetauglichkeit auf dem Laser-Parcours beweisen, Codes knacken und websites hacken.** Das Ganze im Umfeld von BH-Kameras, Mord-Regenschirmen, einem Stasi-Trabi mit Infrarotkamera, de[...] Geschichte … Ja[...] Cruise lassen grü[...] Zuerst aber führ[...] „Zeittunnel" – do[...] kurs in Spionagegeschichte, und zum Schluss kannst du dich darüber schlau machen, in welchem Zusammenhang die sozialen Netzwerke mit der Spionage heute stehen.

Leipziger Platz 9 | Station: Potsdamer Platz

> **TIPP**
> Sozusagen im Vorbeigehen kannst du hier die Sicherheit deiner Passwörter checken.

*Wegen seines besonderen Designs gilt es unter Fotografen als beliebter Foto-Spot.*

# 11. FUTURIUM

Muss ich in Zukunft noch arbeiten? Wie ernähren wir uns in 30 Jahren? Und werden fliegende Drachen als Kraftwerke dienen? Diese und viele weitere Fragen an die Zukunft versucht das 2019 eröffnete Futurium zu beantworten und wagt einen Blick in die Welt von morgen. Genauer gesagt: in die kommenden 20 bis 50 Jahre – auf wissenschaftlicher Basis, versteht sich. Im Mittelpunkt stehen das Verhältnis und das Zusammenwirken von Mensch, Natur und Technik. Wie werden wir wohnen, arbeiten, leben? Und wie die Umwelt schützen?

In der Zukunftsausstellung im Obergeschoss kannst du verschiedene Zukunftsszenarien erkunden, das Untergeschoss beherbergt das Futurium Lab zum Mitmachen und Ausprobieren. **Mach dich mit neuen Techniken vertraut, beispielsweise einem Lasercutter, oder probier in der Versuchsküche, ob du dir Insekten als Mitagessen vorstellen kannst …**

Das Futurium ist Zukunftsmuseum und Selfiekulisse in einem! Denn mit seinem ausgesprochen modernen und einzigartigen Design gilt es unter Fotografen als beliebter Foto-Spot, der seinesgleichen sucht.

Alexanderufer 2 | Station: Bundestag

# BUCKET LIST
## Futurium

Inszeniere dich vor der Fassade
und mach ein Foto aus der Zukunft!

Future-Me

# PARKS

## 12. AM LUSTGARTEN

Der von Linden gesäumte Platz auf der Museumsinsel (siehe Nr. 3) ist ein wirklich schöner Ort, um in der Sonne zu liegen und die Aussicht auf den Dom und das alte Museum zu genießen. Seine größte Attraktion ist die „Berliner Suppenschüssel", eine riesige Granitschale, zu deren Einweihung im Jahr 1834 etwa 40 Personen ein Festfrühstück genossen, und zwar in der Schale! Am schönsten finde ich es, entlang der Museumsinsel und über die Friedrichsbrücke zu schlendern. Nur ein paar Schritte weiter nördlich kann man auf der anderen Seite der Spree im James-Simon-Park ebenfalls auf der Wiese die Sonne genießen.

Am Lustgarten 1 | Station: Lustgarten

Gerade an heißen Sommertagen komme ich gern mit Freunden hierher und wir chillen bei ein paar Drinks in der Sonne.

## 13. MONBIJOUPARK

Sein französischer Name (*mon bijou* = mein Juwel) verspricht nicht zu viel – der Monbijoupark ist ein echtes Schmuckstück. Er verdankt ihn dem im Zweiten Weltkrieg samt seinen Gartenanlagen untergegangenen Rokoko-Schloss Monbijou, an dessen Stelle nun eine lauschige Grünanlage mit Brunnen, Sportanlagen, Kinderfreibad und Uferpromenade den Berlinern und ihren Gästen für kleine Auszeiten zur Verfügung steht. Den schönen Blick auf die Museumsinsel gibt's als Zugabe.

Monbijoustraße 3 | Station: Monbijoupark

> TIPP
> Für einen kurzen Trip raus aus dem Trubel ist der Monbijoupark ideal. Auch zum Hackeschen Markt ist es nur ein Katzensprung.

Asiatische Burger?
Shiso Burger!

# ESSEN & TRINKEN

## 14. SHISO BURGER

Berlins Burger-Vielfalt ist ja bekanntlich gigantisch! Etwas ausgefallener,
aber einfach unfassbar lecker, sind
deshalb die asiatischen Burger von
Shiso. Definitiv eines meiner Lieb-
lingsrestaurants, auch wenn man ab
und an mal 20 Minuten warten muss,
bis man einen Tisch bekommt. Ich be-
stelle meistens den Ebi-Burger (mit
Garnelen) und liiiiebe ihn. Die home-
made Fries sind ebenfalls einfach
göttlich! Das in der offenen Küche zu-
bereitete Gericht wird übrigens in einem asiatischen Dumpling-Korb serviert, und ist dabei nicht nur lecker,
sondern auch sehr fotogen.

Auguststraße 29c, zweimal in Berlin | Station:
Hackescher Markt oder Monbijoupark | www.
shisoburger.de | @shisoburger

## 15. WHAT DO YOU FANCY LOVE

Ich liebe frischgepresste Säfte, und
im *what do you fancy love* gibt es die
wohl besten überhaupt! Mein absoluter Favorit: „Sex Bomb", bestehend
aus Apfel, Karotte & Ingwer. Neben
Säften gibt es aber auch super leckere
Bowls und Bagels – mein persönlicher
Tipp: der Lachs-Bagel. Und weil das
Auge ja bekanntlich immer mitisst,
sind die Speisen immer sehr schön
angerichtet. Egal, ob schnell ein Saft
To-Go oder ein ausgiebiger Brunch
mit Freunden, ich bin super oft und
super gern im wdyfl! In Charlottenburg gibt's übrigens eine weitere Filiale.

Knesebeckstraße 68 | Station: Knesebeck Straße
| www.whatdoyoufancylove.de | @whatdoyou-
fancylove

Brunch im What
do you Fancy Love

## 16. ZEIT FÜR BROT

Eine Art moderne Bäckerei, die für mich vor allem für eines bekannt ist: Zimtschnecken! Und zwar nicht irgendwelche langweiligen Zimtschnecken, sondern mit Toppings wie weißer Schokolade (mein Favorit), Mohn-Mandel, Kirsche und ganz vielem mehr. Egal, ob zum dort essen oder auf die Hand, warm schmecken sie am allerbesten! Sobald mir diese Zimtschnecken in den Sinn kommen, muss ich mir einfach eine holen! Zum Glück gibt's „Zeit für Brot" gleich dreimal in Berlin.

Weinbergsweg 2 | Station: Rosa-Luxemburg-Platz oder Hackescher Markt | www.zeitfuerbrot.com | @zeitfuerbrot

## 17. AMANO BAR

Das Hotel Amano besitzt schon eine „normale" Bar die tolle Drinks anbietet, aber zudem den Spot, um den es eigentlich geht: die Rooftop Bar mit wunderschönem Ausblick über Berlin und auf den Fernsehturm. Einfach durch die Hotellobby gehen, mit dem Aufzug in den 5. Stock fahren, und nach ein paar Stufen ist man schon da. Meine Empfehlung: abends zum Sonnenuntergang auf einen Drink vorbeikommen und den fantastischen Ausblick genießen!

Auguststraße 43 | Station: Rosa-Luxemburg-Platz oder Hackescher Markt | www.amanogroup.de

Mein absoluter Favorit: Zimtschnecken mit weißer Schokolade von „Zeit für Brot".

## 18. DUDU

Wenn jemand zu Besuch ist und gerne
asiatisch essen gehen möchte, kommt
mir das Dudu immer als Erstes in den
Sinn. Fast direkt am Szene-Hotspot
Rosenthaler Platz (siehe Nr. 5) werden
hier in hipper Atmosphäre an langen
Tischen leckere Sushi-Häppchen und
andere kreative Speisen serviert. Die
Küche ist international und von vietnamesischen, japanischen und latein-
amerikanischen Einflüssen geprägt.
Preislich minimal höher als die Berliner Norm, aber dafür auch wirklich
lecker. Mein persönliches Lieblings-
essen: Crispy Tiger (Sushi mit Garnelen im Tempuramantel und Lachs).
In Charlottenburg gibt's eine weitere
Filiale.

Torstraße 134 | Station: Rosenthaler Platz |
www.dudu-berlin.de | @duduberlin31

## 19. YAMYAM

Wirklich ein authentisches koreani-
sches Restaurant mit minimalistischer
Einrichtung ohne viel Schickschnack,
was das Flair perfekt macht. Al-
gensuppe, Seetangsalat, Tofu, Teigta-
schen und Mungbohnenreibekuchen,
zum Nachtisch Wassermelone mit Fe-
takäse und Honig oder die Green Tea
Icecream, dazu die Spezialitäten Soju
oder Makgoelli (Süßkartoffel- bzw.
Reisschnaps). Für die sagenhaften
Dumplings komme ich immer wieder
hierher! Im Sommer kann man auch
toll mit Freunden draußen sitzen.

Alte Schönhauser Str. 6 |
Station: Rosa-Luxemburg-Platz |
www.yamyam-berlin.de | @yamyamberlin

Amano Bar

## 20. HUMMUS & FRIENDS

Hier wird die Kichererbsencreme Hummus auf israelische Art serviert, im modernen, schicken Lokal mit Holzmöbeln oder auf der Terrasse im Hof. Neben Hummus-Kreationen gibt's u. a. Gerichte mit Ful (Favabohnenpaste) und Tahina (Sesampaste), aber auch Blumenkohl oder Aubergine aus dem Ofen. Alles koscher und vegan. Weniger Experimentierfreudige wählen den Friendssalat.

1993 eröffnete das erste Hummus & Friends in Jerusalem, seit 2015 gibt es das Restaurant auch in Berlin. Das Motto des Hauses: „Make hummus, not walls" kommt in Berlin natürlich gut an. Das zugehörige Graffito stammt allerdings von einer anderen Mauer – der zwischen Israel und den Palästinensergebieten.

Oranienburger Str. 27 | Station: Oranienburgerstraße oder Hackescher Markt | www.hummus-and-friends.com | @hummus_and_friends

*Achtung, Achtung: Im House of Small Wonder kann man nur bar bezahlen.*

House of
Small Wonder

## 21. HOUSE OF SMALL WONDER

In diesem bekannten Instagram-Spot gelangst du über eine verwunschene Wendeltreppe zwischen hippen Grünpflanzenhinauf in einen langen, hohen, lichtdurchfluteten Saal, wo man super frühstücken und brunchen kann. Der japanisch-amerikanischerMix auf der Karte macht es für deine Geschmacksnerven ebenso interessant wie für deinen Feed. Wie wär's also mit einer japanischen Miso-Suppe zum Frühstück? Oder doch lieber einen Matcha Latte zum Kuchen?

Johannisstraße 20 | Station: Oranienburger Tor | www.houseofsmallwonder.de | @houseofsmallwonderberlin

# BUCKET LIST
## House of Small Wonder

Du hast unseren
Tipp abgehakt?
Hier ist Platz für ein
Foto von deinem Essen!

Mein Small Wonder

habe und liebend gern ab und zu mal durchs Sortiment stöbere. Kurzum, in der Mall of Berlin findest du alles, was das Shopping-Herz begehrt – von Fashion, Interior und Technik bis zur großen Food-Lounge (für eine kleine Pause). Natürlich besonders beliebt an Regentagen!

Leipziger Platz 12 | Station: Potsdamer Platz

## 23. WEINMEISTERSTRASSE

Zum Shoppen & Schlendern eignet sich die Gegend um die U-Bahn-Station Weinmeisterstraße besonders gut! Für mich ist das typisch „Berlin Mitte", und gerade an sonnigen Tagen kann man hier schöne Stunden beim Bummeln verbringen. Die Geschäfte bieten einen Mix aus Skandi-Chic und Vintage-Look, in Stores wie &Other Stories, Weekday, Monki und Edited, aber auch Second-Hand-Länden wie Made in Berlin und PicknWeight. Einer meiner Lieblingsläden in Berlin befindet sich in der Alten Schönhauser Straße: Broke und Schön. Hier gibt es immer wieder neue Styles, die aber trendy und bezahlbar sind. Folgt man der Neuen Schönhauser Straße, kommt man zum Hackeschen Markt und den Hackeschen Höfen (siehe Nr. 9). Und überall in den Straßen warten kleine Cafés darauf, dass du eine Pause einlegst.

Weinmeisterstraße | Station: Weinmeisterstraße

# SHOPPING

## 22. MALL OF BERLIN

Ein Geheimtipp ist die Mall of Berlin nicht gerade. Allerdings fahre ich hier wirklich oft hin, gerade, wenn ich viele der „bekannten" Marken abklappern möchte. Am liebsten shoppe ich dann in den zahlreichen Interior-Läden wie Zara Home und H&M Home, weil ich Interior-Shopping sogar fast ein wenig mehr liebe als Klamotten zu shoppen. Aber auch Gina-Tricot und Bershka befinden sich in der Mall, zwei Läden, in denen ich schon oft schöne Teile gefunden

Auf der Weinmeisterstraße

## 24. ALEXA

Für Fans gängiger Modemarken ist in Mitte das riesige Shoppingcenter Alexa (180 Shops plus Foodcourt) am Alexanderplatz die erste Wahl. Die rosa Aussenfassade ist nicht zu übersehen! Shopping-Muffel gehen auf die Bowling-Bahn oder in den Escape-Room.

Grunerstraße 20 | Station: Alexanderplatz

## 25. KAUF DICH GLÜCKLICH

Für das Shopping-Glück sorgen kleine Mode-Labels, vorwiegend aus Berlin und Skandinavien, sowie ausgewählte Kleidung, Schuhe, Taschen, Bücher und Kosmetik. Für das Gaumen-Glück sind die selbstgebackenen Waffeln mit diversen Toppings – süß und herzhaft – zuständig. Zum Glück gibt es gleich mehrere Filialen in Berlin.

Rosenthaler Straße 17 | Station: Weinmeisterstraße oder Rosenthaler Platz

*Schnäppchenjäger aufgepasst! Im Picknweight gibt's trendige Kleidung & Accessoires zu Kilopreisen. Nachhaltig ist es obendrein!*

## 26. PICKNWEIGHT

Aussuchen und abwiegen - der Name ist hier Programm! Im kultigen Picknweight finden sich die Styles und Trends der letzten Jahrzehnte, die von zahlreichen Mode-Bloggern kiloweise eingekauft werden. Wie passend, dass pro Kilo bezahlt wird! Allerdings solltest du auf die jeweiligen Katergorien der Klamotten achten, die Zuordnung verrät eine Farbmarkierung (von 25 bis 85 Euro pro Kilo). Bei leichten Kleidungsstücken wie Blusen, Kleidern oder Shirts lassen sich so echte Schnäppchen ergattern!

Alte Schönhauser Str. 30, zweimal in Berlin | Station: Weinmeisterstraße

# BUCKET LIST
## Picknweight

Klebe als Beweis, dass du hier warst,
deinen Kassenzettel ein.

# BERLIN

Tiergarten

Der Tiergarten, eine riesige, grüne Oase in der Stadt, gab dem ganzen Viertel seinen Namen. Am nördlichen Rand des rund 200 Hektar großen Grüns allerdings wird es ernst: In Reichstag, Bundeskanzleramt usw. werden die Geschicke der Nation gelenkt! In der südöstlichen Ecke lädt der Potsdamer Platz zum Shoppen ein, im Südwesten warten tausende attraktive Tiere im Zoo Berlin auf die Besucher.

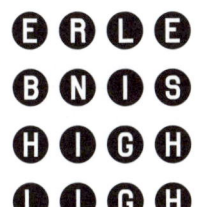

> **KUPPELBESUCH IM REICHSTAG**

> **PANDA-TALK IM ZOO**

> **FRÜHSTÜCK IM BIERGARTEN**

> **BOOTSTOUR AUF DEM NEUEN SEE**

> ...........................

> ...........................

> ...........................

*In Berlins grüner Lunge sind Natur und Politik zuhause.*

# Tiergarten

## SEHENSWERTES

**27** REICHSTAGSGEBÄUDE
**28** SIEGESSÄULE
**29** ZOO BERLIN

## PARKS

**30** GROSSER TIERGARTEN

## ESSEN & TRINKEN

**31** SCHLEUSENKRUG
**32** CAFÉ AM NEUEN SEE

## SHOPPING

**33** DER BERLINER
    TRÖDELMARKT

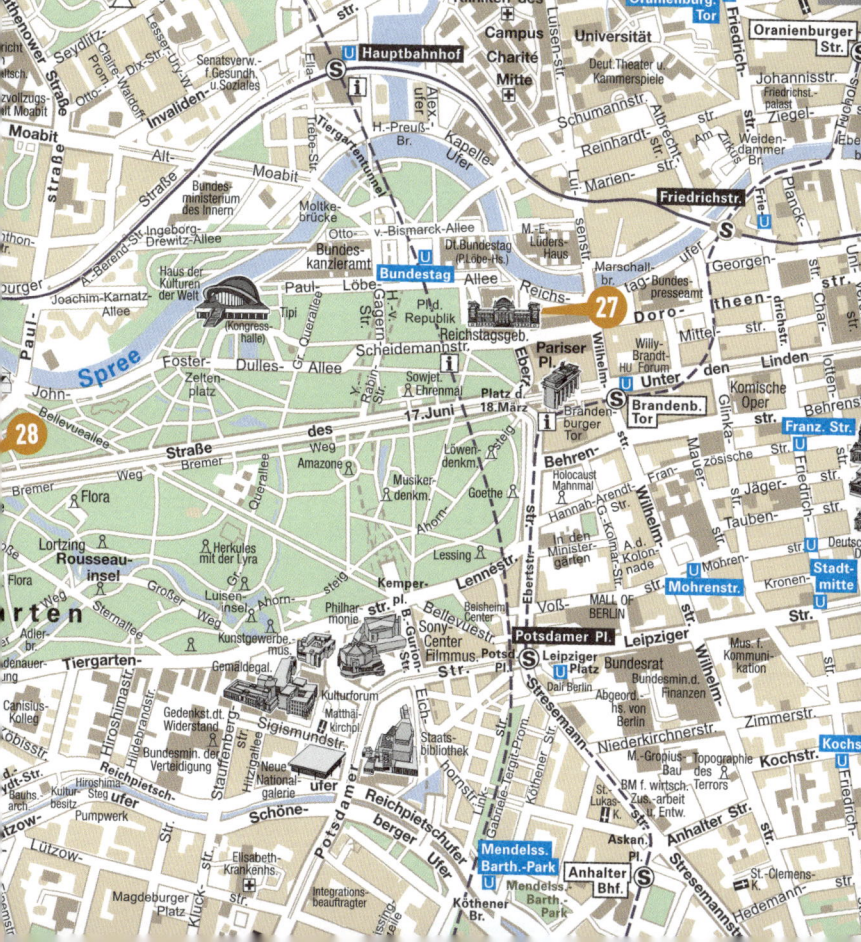

*Die beste Zeit für ein Foto vom Reichstag ist nachmittags, vorher stört das Gegenlicht der Mittagssonne.*

# SEHENSWERTES

## 27. REICHSTAGSGEBÄUDE

Das altehrwürdige Gebäude mit der modernen Kuppel aus Stahl und Glas ist heute der Sitz des Deutschen Bundestags. Im malerischen Ambiente von Spree und Tiergarten wird hier deutsche Politik gemacht, vielleicht ist es gerade diese Kombi, die den Reichstag zum Publikumsmagneten macht. Als Besucher ist man dabei nicht nur ganz nah am politischen Geschehen dran, sondern kann auch die einmalige Architektur der gläsernen Kuppel bewundern. **Der Kuppelbesuch ist kostenlos und sehr beliebt, deswegen meldest du dich am besten ein paar Tage vorher online dafür an (visite.bundestag.de), so ersparst du dir endlose Schlangen und Frust.** Nach einer Personen- und Gepäckkont-

rolle fährst du dann mit dem Aufzug auf die Dachterrasse. Oben angekommen hast du einen fantastischen Blick auf das Regierungsviertel, den Hauptbahnhof und das übrige Berlin. Spektakulär wird es nach Einbruch der Dunkelheit, wenn die ganze Stadt zu „glitzern" beginnt. Und falls gerade eine Sitzung ist, kann man die Abgeordneten bei der Debatte im Plenarsaal beobachten.

Auf der großen Wiese vor dem Reichstagsgebäude lässt es sich im Sommer wunderbar entspannen oder eine kleine Foto-Session vor einmaliger Kulisse einlegen. Aber auch ein Spaziergang durchs Regierungsviertel lohnt. Zum einen wegen der bedeutenden Gebäude und Geschichte, zum anderen warten auch hier einige spannende Foto-Kulissen auf euch.

LOW $ BUDGET

Wer mehr über die politischen Hintergründe erfahren will, sollte eine geführte Tour buchen!

Platz der Republik 1 | Station: Brandenburger Tor oder Reichstag/Bundestag

## 28. SIEGESSÄULE

Auf dem großen Stern, einem riesigen Kreisverkehr mitten im Tiergarten, steht eindrucksvoll die 69 m hohe Siegessäule mit der goldenen Figur der Siegesgöttin Viktoria, die von den Berlinern ein wenig respektlos „Gold-Else" genannt wird. Hier fand lange Jahre die Abschlussparty der Love Parade statt, und 2008 hielt hier Senator Barack Obama eine bewegende Rede. Eigentlich befand sich das Monument, das an drei siegreiche preussische Kriege im 19. Jh. erinnert, auf dem heutigen Platz der Republik. Doch dann musste es den Plänen der Nationalsozialisten für die „Reichshauptstadt Germania" weichen. Du findest die Siegessäule leicht, wenn du vom Brandenburger Tor aus rund 20 Minuten die Straße des 17. Juni am Tierpark entlangspazierst. **Wer gut in Form ist, steigt die 285 Stufen hinauf bis zur Aussichtsplattform (Eintritt 3 Euro). Der Lohn: ein super Blick über den großen, grünen Park bis zum Regierungsviertel.** Wer zu faul ist, genießt die Sicht von unten und entspannt auf dem Grün vor der Siegessäule.

Großer Stern | Station: Bellevue oder Großer Stern

## 29. ZOO BERLIN

Der berühmteste Bewohner des Zoos Berlin, sogar ein internationales Medienphänomen, war sicher der 2011 gestorbene Eisbär Knut (den du jetzt übrigens ausgestopft im Naturkundemuseum bewundern kannst). Heute will jeder die Großen Pandas in dem wunderschönen Panda Garden sehen – klar, denn das gibt es in Deutschland nur hier, im ältesten und artenreichsten zoologischen Garten der Bundesrepublik! Auf dem 33 ha großen Park sind über 19 500 Tiere aus circa 1400 Arten beheimatet. Dabei zeigt der Zoo Berlin schon mit seinem kunstvollen Eingangstor, dem 1899 erbauten Elefantentor, seine Einzigartigkeit. 2019 erblickten hier sogar zwei Baby-Pandas das Licht der Welt. **Wer die verschiedenen Tiere des Zoos in Action erleben will, schaut bei den Fütterungen zu, die Zeiten gibt's unter www.zoo-berlin.de – beispielsweise bei den Seehunden, Elefanten, Menschenaffen und Königspinguinen. Zweimal täglich findet auch ein Panda-Talk statt.** Besondere Highlights des Zoos sind das Flusspferdhaus, wo man den gigantischen Tieren durch grosse Panoramafenster bei ihrem Treiben unter Wasser zusehen kann. Oder du begibst dich in die Adlerschlucht, wo Geier hoch über den Köpfen ihre Kreise ziehen und du Eulen und Adler beobachten kannst. Ein Publikumsmagnet ist natürlich auch das Aquarium mit seiner schwül-warmen Krokodilhalle. Es zählt dank seiner Artenvielfalt zu den bedeutensten in Europa! Den separaten Eingang hierzu findest du in der Budapester Straße 32.

Hardenbergplatz 8 | Station: Zoologischer Garten

Versuche doch mal ein insta-taugliches Foto von einem der Tiere zu knipsen. Dafür brauchst du vorallem eines – viel Geduld! Ommmmm....

## TIPP
Im Zoo-Aquarium
genießt man zu
besonderen Terminen
romantische Candle-
light-Dinner des
Steigenberger Ho-
tels – Aug' in Aug' mit
Doktorfischen, Haien,
Rochen …

# PARKS

### 30. GROSSER TIERGARTEN

Auf den Wiesen faulenzen, Badminton spielen, Rad oder Roller fahren, stundenlang spazieren gehen oder eine Ruderpartie wagen: Das alles bietet der Große Tiergarten, das grüne Herz der Stadt und das Freizeitparadies der Berliner. Ein Labyrinth von Wegen durchzieht den gigantischen Park, also immer gut die Orientierung bewahren! Der Tiergarten grenzt an einige Berliner Attraktionen wie das Brandenburger Tor, das Bundeskanzleramt, das Schloss Bellevue, und er zieht sich bis zum Zoologischen Garten. Ein Highlight ist der Englische Garten in der Nähe von Schloss Bellevue mit seinem hübschen Teich und dem Teehaus, einem Restaurant und Biergarten. Wer sich nach Wasser sehnt, bummelt zum Neuen See nahe des Zoologischen Gartens. Am Café am Neuen See (siehe Nr. 32) kannst du ein Ruderboot mieten und über den See schippern. Früher war der Tiergarten übrigens ein eingezäunter Park, wo die Jagdgesellschaften immer ein paar ausgesetzte Wildtiere vor die Flinte bekamen.

Großer Tiergarten | Station: Bellevue oder Großer Stern oder Tiergarten

Dieser Park ist nicht nur bestens für Hunde geeignet, sondern Cookies absoluter Lieblingspark! Hier fahren wir oft hin, um ausgiebig spazieren zu gehen und Bälle zu werfen.

*Ich liebe es, mit ein paar Freunden abends im Schleusenkrug den Tag ausklingen zu lassen. Tolle Atmosphäre!*

# ESSEN & TRINKEN

## 31. SCHLEUSENKRUG

Der große Biergarten im Tiergarten ist an schönen Tagen bei Berlinern und Touristen extrem beliebt. Seit 1954 kann man hier sitzen und den Schiffen zuschauen, wie sie die Tiergartenschleuse passieren. Die Speisekarte ist sehr umfangreich und reicht von Flammkuchen über Schleusensalat, Suppen, Schnitzel bis zu manch ausgefallener Kreation. Besonders beliebt sind die leckeren Grillgerichte – ausschließlich Fleisch und Wurst aus artgerechter Tierhaltung kommt auf die Teller.

Die Frühstücksvarianten lassen den Tag besonders gut beginnen. Auch die Getränkeauswahl ist groß, und unter den Schirmen und Markisen kann man auch mal einen Regen überstehen.

Müller-Breslau-Straße 14b | Station: Tiergarten | www.schleusenkrug.de | @schleusenkrugberlin

## 32. CAFÉ AM NEUEN SEE

Das Café in einem urbanen Landhaus am Neuen See im Tiergarten führt dich mit seiner monatlich wechselnden Karte durch fünf kulinarische Jahreszeiten. Ganz frisch kommen hier Landhaus-Gerichte mit europäischen und internationalen Einflüssen auf den Teller. Frühstücks-Fans wählen ein traditionelles oder internationales Frühstück mit frisch gepressten Säften und Detox Cocktails. An kalten Tagen lässt es sich drinnen am kuscheligen Kaminofen aufwärmen, und im Sommer lädt der vielleicht „schönste" Biergarten Berlin zum Verweilen ein. Idyllisch am See gelegen, schließt er sich ans Café an, wo es u. a. frisch gezapfte Biere und andere bayerische und regionale Köstlichkeiten sowie leckere Steinofenpizza gibt.

Lichtensteinallee 2 | Station: Bellevue oder Großer Stern oder Tiergarten | www.cafeam neuensee.de | @cafeamneuensee

> TIPP
>
> Lust auf eine kleine Bootstour? Beim Biergarten gibt's einen eigenen Verleih.

Hier tummeln sich Promis, Studenten, Touristen und Sportler – ein wilder Mi[x] aber ein „Berliner Klassiker"!

# SHOPPING

### 33. DER ORIGINAL BERLINER TRÖDELMARKT

Am Wochenende zwischen 10 und 17 Uhr kommen Flohmarktfans hier auf dem größten, ältesten und bekanntesten Berliner Trödelmarkt voll auf ihre Kosten. Das pralle Angebot umfasst Autogrammkarten, Schallplatten, Klamotten, Möbel, Porzellan und allerlei Krimskrams… secondhand natürlich! Feilschen ist dringend erwünscht, und so kann man hier das eine oder andere Schnäppchen ergattern! Die Trödler stehen im Bereich der Straße des 17. Juni Richtung Siegessäule.

Wenn dich der Hunger packt, kannst du an den vielen Imbissständen die unterschiedlichsten Köstlichkeiten probieren.

Straße des 17. Juni | Station: Tiergarten

# BERLIN

*Prenzlauer Berg & Friedrichshain*

Im einstigen Arbeiterviertel und Hotspot der Autonomen hat eine fast dörfliche Gemütlichkeit Einzug gehalten. Die maroden Altbauten sind top saniert, und das ehemalige Viertel der einfachen Leute ist zu einem lupenreinen Trendbezirk geworden, der einen wunderbaren, ureigenen Zauber ausstrahlt.

**ERLEBNIS HIGHLIGHTS**

PRENZLAUER BERG FRIEDRICHSHAIN

> **IM MAUERPARK CHILLEN**

> **KIRSCHBLÜTE IM KIEZ**

> **MIT ZEITZEUGEN IN DIE STASIVERGANGENHEIT**

> **ERFINDUNGEN SHOPPEN**

> .............................

> .............................

> .............................

*Moderne Kunst und urbaner Aufbruch in Berlin*

# Prenzlauer Berg & Friedrichshain

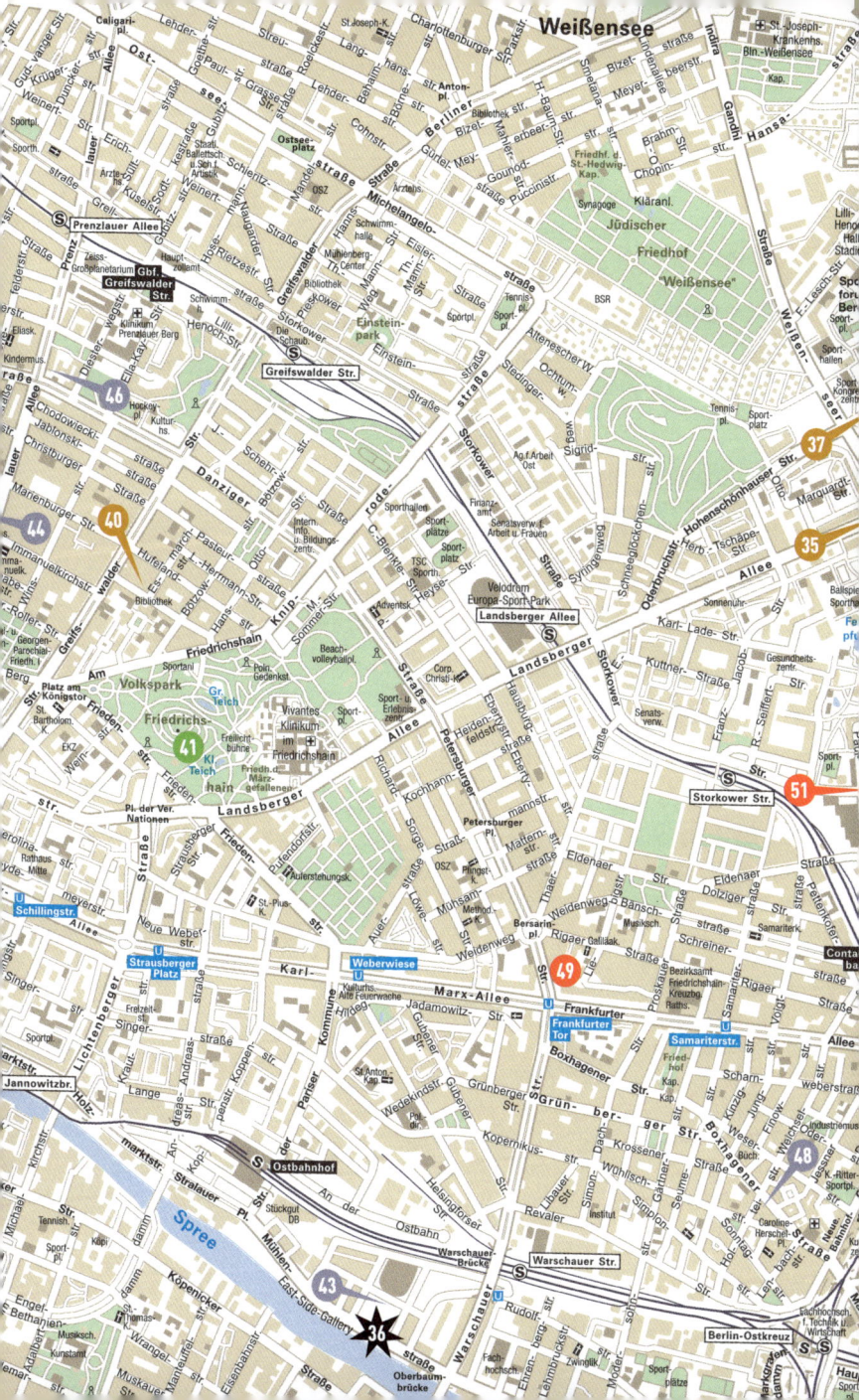

# SEHENSWERTES

### 34. MAUERPARK

Sonntags ist im Mauerpark immer jede Menge los. Es gibt einen großen Flohmarkt mit vielen Ständen, die Mode, Secondhand-Artikel, Schmuck, Taschen und Vinyl, aber auch Handgemachtes anbieten. Außerdem kommen viele Kleinkünstler und Musiker hierher, die sich irgendwo auf dem Gelände ein freies Plätzchen suchen und eine Vorstellung bzw. ein Konzert geben. **Nachmittags gibt's eine große Karaoke-Show – die absolute Kult-Veranstaltung in Berlin.** Ich finde es super schön, am Sonntag erst über den Flohmarkt zu schlendern, mir an einem der vielen Essensstände etwas auf die Hand mitzunehmen und danach im Park zu chillen und den Leuten beim Karaoke-Singen zuzuhören. Selbst singen würde ich zwar nie im Leben – musikalisches Talent habe ich wirklich nicht –, aber zu sehen, wie andere Menschen mit so viel Enthusiasmus und tollen Stimmen die verschiedensten Lieder covern, finde ich unheimlich schön.

Gleimstraße 55 | Station: Friedrich-Ludwig-Jahn-Sportpark

*Cookie-approved! Auch sie liebt die Sonntage im Mauerpark*

# BUCKET LIST
## Mauerpark

## MY FAVORITE COVER-SONG

| NAME DES SONGS | RATING |
|---|---|
| | ☆ ☆ ☆ ☆ ☆ |
| | ☆ ☆ ☆ ☆ ☆ |
| | ☆ ☆ ☆ ☆ ☆ |
| | ☆ ☆ ☆ ☆ ☆ |
| | ☆ ☆ ☆ ☆ ☆ |
| | ☆ ☆ ☆ ☆ ☆ |
| | ☆ ☆ ☆ ☆ ☆ |
| | ☆ ☆ ☆ ☆ ☆ |

FOTO TIPP FOTO TIPP FOTO TIPP FOTO TIPP FOTO

*Kurztrip nach Marokko gefällig? Im orientalischen Garten kannst du Fotos machen, die so echt wirken, als hättest du dich mal eben nach Marrakesch gebeamt. Mein Tipp: Positioniere dich am Ende des Brunnens & fotografiere frontal darauf zu.*

## 35. GÄRTEN DER WELT

Auch wenn man vom Prenzlauer Berg hierfür etwas weiter raus fahren muss, lohnt sich der Besuch dieses tollen Gartenparks absolut. Hier stellt sich sofort Urlaubs-Feeling ein. Insgesamt gibt es neun Themengärten auf dem Gelände, die kunstvolle Gartenkultur, -architektur und -geschichte aus der ganzen Welt präsentieren. Es gibt z.B. einen verwunschenen „Irrgarten" à la Alice im Wunderland. Mein persönlicher Favorit ist aber der orientalische Garten, der wie eine Oase der Ruhe von hohen Mauern umgeben ist und mit seinen schönen Mosaiken viele

tolle Fotomotive bietet. **Über die ganze Parkanlage verteilt finden sich unzählige Fotolocations – egal, ob verträumte, künstlerische oder florale Kulissen.** Ich habe hier nicht nur privat, sondern auch schon für eine bekannte Marke Fotos schießen dürfen, und jedes Mal, wenn ich dort bin, finde ich neue schöne Spots zum Shooten.

Blumberger Damm 44 | Station: Blumberger Damm/Gärten der Welt

Die Brücke fotografierst du am besten spätnachmittags oder bei Sonnenuntergang, dann beleuchtet die Sonne die tollen roten Backsteine.

FOTO TIPP FOTO TIPP FOTO TIPP FOTO TIPP

An der East Side Gallery ist immer viel los. Für ein ungestörtes Bild vom „Bruderkuss" frühmorgens kommen!

## 36. EAST SIDE GALLERY & OBERBAUMBRÜCKE

Hier wurde im wahrsten Sinne des Wortes Geschichte geschrieben – und gemalt! Entlang der Spree, zwischen Ostbahnhof und Oberbaumbrücke, bildet die East Side Gallery mit ihren 1,3 km die längste Open-Air-Galerie der Welt und spiegelt auf einzigartige Weise die Geschichte der deutschen Teilung wider. An dem unter Denkmalschutz stehenden originalen Teilstück der Berliner Mauer kannst du dich beim Vorbeischlendern auf eine span-nende Zeitreise begeben, dabei über hundert authentische Mauermalereien, Graffittis und politische Statements bewundern und einige der berühmtesten Motive, wie den Trabbi, der durch die Mauer bricht, oder den „Bruder-kuss" einmal live und in Farbe sehen. **Am südlichen Ende der East Side Gallery schließt sich dann die sehr fotogene Oberbaumbrücke an.** Vom Ufer der Spree aus hast du dort einen tollen Blick auf die schönste Brücke Berlins und eine noch schönere Foto-Kulissse.

Mühlenstraße 3-100 | Station: East Side Gallery

# BUCKET LIST
## East Side Gallery

Entwerfe dein
eigenes Graffiti oder
zeichne ein bekanntes ab

## 37. GEDENKSTÄTTE HOHENSCHÖNHAUSEN

Mitten in einem Wohngebiet, hinter hohen Mauern und Stacheldraht, liegt die ehemalige Haftanstalt Hohenschönhausen, in der die Stasi einst politische Gefangene inhaftierte. Das Interesse an dieser Gedenkstätte ist enorm, was wahrscheinlich vor allem daran liegt, dass neben Historikern auch Zeitzeugen – ehemalige Häftlinge – die Besucher über das Gelände und durch die original erhalten gebliebenen Gebäude führen. Durch die authentischen Schilderungen wird das ganze Ausmaß der furchtbaren Haftbedingungen in den dunklen Zellen, ohne richtiges Tageslicht und Kontakt zur Außenwelt, hautnah und auf bedrückende Weise nachvollziehbar.

Genslerstraße 66 | Station: Freienwalder Straße

Bedrückender Zellentrakt
vom Stasi-Gefängnis
Hohenschönhausen

## 38. KOLLWITZPLATZ

Wer nach Berlin kommt, sollte zumindest einmal im Kollwitzkiez vorbeischauen. Eingerahmt von hübsch renovierten Gründerzeitfassaden pulsiert am Kollwitzplatz, dem Herzstück des Viertels, das Leben, es gibt unzählige Cafés, Kneipen und Restaurants aus aller Welt. **Vor allem bei schönem Wetter ist es nicht leicht, irgendwo noch einen der begehrten Plätze im Freien zu ergattern, denn die Atmosphäre ist so entspannt und locker, dass man auch gern mal etwas länger sitzenbleibt.** Donnerstags kannst du dich auf dem großen Ökomarkt auf dem Kollwitzplatz mit frischen Bioprodukten und Waren aus ökologischem Anbau eindecken. Samstags findet hier der berühmte Kolle-Markt statt, der neben Lebensmitteln und Blumen auch originelle Mode, Taschen, Kunsthandwerk und Schmuck anbietet.

Kollwitzstraße 1 | Station: Marienburger Straße oder Senefelderplatz

**TIPP**
Viele Imbissstände mit Street Food oder süßen Leckereien wie Waffeln oder Crêpes machen das bunte Angebot komplett.

**TIPP**
An Silvester findet hier jedes Jahr die größte Indoor-Party Berlins mit einem coolen internationalen Publikum statt.

## 39. KULTURBRAUEREI

Wo früher Bier gebraut wurde, ist nach der Wende eines der größten alternativen Berliner Kulturzentren entstanden. In den historischen Gebäuden der ehemaligen Schultheiß-Brauerei ziehen heute ein Kino, ein Theater, verschiedene Geschäfte, Restaurants und Bars sowie ein Museum mit der Dauerausstellung „Alltag in der DDR" täglich zahlreiche Besucher an. Auf dem beliebten, bunt gemischten Kulturprogramm stehen jede Menge interessante Veranstaltungen, wie Lesungen, Konzerte, Ausstellungen und Gesprächsreihen, Workshops, Partys und diverse Angebote für Kinder. **Zur Weihnachtszeit verzaubert ein schnuckeliger Weihnachtsmarkt den großen Innenhof der Brauerei.**

Schönhauser Allee 36 | Station: Eberswalder Straße

# BUCKET LIST
## Kulturbrauerei

Bist du unserem Tipp gefolgt?
Was hast du hier erlebt?
Klebe etwas zum Beweis ein!

## 40. KÄTHE-NIEDER-KIRCHNER-STRASSE

Mein Geheimtipp im Frühling: unbedingt die Käthe-Niederkirchner-Straße im kiezigen Teil von Prenzlauer Berg besuchen! Wenn die vielen Kirschbäume hier für kurze Zeit blühen, leuchtet diese Allee in den schönsten Rosatönen – ein Blütenzauber wie im Märchen! Die restaurierten Altbaufassaden mit den Stuckverzierungen und ihren hübsch gestalteten Balkonen machen die Kulisse perfekt.

*Käthe-Niederkirchner-Straße | Station: Hufelandstraße*

FOTO TIPP FOTO TIPP FOTO TIPP FOTO TIPP

TIPP
Nutze die coole Kulisse: Es ist ein wunderbarer Ort, um supertolle Fotos zu machen.

**FOTO TIPP**

Der Märchenbrunnen am Rande des
Parks ist ein kleiner Foto-Geheimtipp
und unfassbar schön, vor allem, wenn
die Springbrunnen an sind.

# PARKS

## 41. FRIEDRICHSHAINER VOLKSPARK

Mein absoluter Lieblingspark in Berlin! Hier bin ich super oft mit Cookie unterwegs und habe inzwischen so manche Lieblingsplätze, wie den fotogenen Märchenbrunnen, für mich entdeckt. Mein absolutes Highlight im Sommer: das Freiluftkino! Filme unterm Sternenhimmel schauen, was gibt es Tolleres? Aber auch für Sportfans hat der Park viel zu bieten, etwa ein Volleyballfeld, einen Bolzplatz, verschiedene Open-Air-Sportgeräte und eine Skate-Strecke. Außerdem gibt es wunderschöne Springbrunnen, kleine Seen und vieles mehr. Und das Beste: Man darf sogar grillen! Gerade im Sommer verbringe ich hier wirklich viel Zeit mit meinen Freunden. Und im Winter habe ich schon zahlreiche Schneespaziergänge mit meiner Cookie gemacht.

Virchowstraße 6 | Station: Platz der Vereinten Nationen

Cookies zweitliebster
Park, aber da ich total
gern hier bin, hat sie
wohl keine Wahl :)

69

Mhhm! Einfach lecker und ein super Insta-Foto-Spot noch dazu!

# ESSEN & TRINKEN

## 42. SPOONING COOKIE DOUGH BAR

Wer liebt es nicht, beim Backen den Teig aus der Schüssel zu kratzen? Solchen „rohen" Teig kannst du in Kugelform bei Spooning Cookie Dough naschen – und das garantiert ohne Bauchschmerzen, denn der Teig ist komplett ohne Ei! Zwar ist so eine Keksteigkugel nichts für jeden Tag, aber ab und an liebe ich diese süße Versuchung, die du mit diversen Toppings bestellen kannst. Mein Favorit: The Classic Cookie Dough mit Schokochips und Schokosoße! Der kleine Laden ist zudem unfassbar süß und komplett in Pink gestaltet, mit vielen kleinen Details und Hinguckern. Deshalb lassen sich hier auch coole Fotos z.B. im Fifties-Style machen.

Kollwitzstraße 56 | Station: Senefelderplatz | www.spooning-cookie-dough.com | @spooningcookiedough

## 43. FIVE GUYS

Typisch amerikanisch, fettig, meist viel zu viel, aber dafür auch superlecker! Die amerikanische Fast-Food-Kette hat es nun auch nach Berlin ge-

# BUCKET LIST

## Spooning Cookie Dough Bar 😋

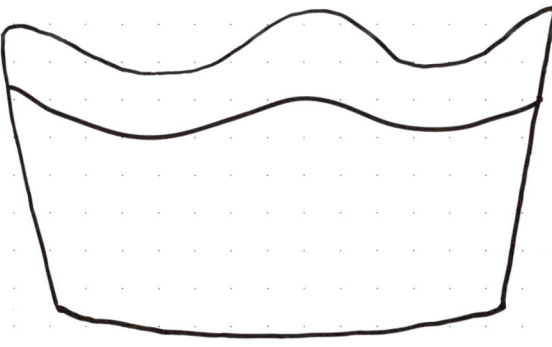

Kreiere deinen perfekten
Cookie Dough Becher

**FOTO TIPP**

*Die typisch amerikanische Location ist perfekt für ein kleines Foto-Shooting.*

## 44. UMAMI

Für Liebhaber der asiatischen Küche ein absolutes Muss! In den super designten Umami-Restaurants taucht ihr sofort ein in die Atmosphäre des Indochinas der 1950er-Jahre. Die vielfältigen Gerichte werden ausschließlich aus frischen Bio-Zutaten ganz traditionell mit kreativen Einflüssen zubereitet. Da der Besitzer des Umamis auf meine Uni gegangen ist, kam ich hier während meiner Studienzeit oft her und habe mit meinen Freunden das leckere Essen genossen und zum Schluss ab und an noch einen selbstgebrannten Reisvodka getrunken! Da kein Glutamat oder andere Zusatzstoffe verwendet werden, erlebt ihr im Umami ein Geschmackserlebnis in Reinform!
Mein absolutes Lieblingsgericht: Fish Pot (Nr. 21, gebeiztes Lachsfilet mit Gemüse auf Reis) und Xa Da zum Trinken (lemongrass ice-tea). Es gibt zwei Filialen in Berlin.

Knaackstraße 16 | Station: Knaackstr. | www.umami-restaurant.de | @umami_pberg

## 45. ST. OBERHOLZ

Zusammen arbeitet sich's weniger allein! Hier treffen sich Journalisten, Künstler, Autoren und andere Freiberufler, um sich in kreativer Umgebung mit Free-Wifi, gutem Kaffee und leckeren Snacks zu schöpferischen Höhenflügen inspirieren zu lassen. Auch wenn du ohne „Projekt", nur für einen kurzen Zwischenstopp auf deiner City-Tour vorbeischaust, macht es Spaß, sich einfach an einen Tisch zu setzen und die geschäftige Atmosphäre auf-

schafft (mehrere Filialen), und wenn du mal so richtig Lust auf einen typischen Burger mit einer Riesenportion Fries und einen Milchshake hast, dann bist du bei Five Guys bestens aufgehoben. Die in simpler Alufolie eingepackten Burger sind inzwischen Kult und zierten schon die Cover einiger Modemagazine. Nicht gerade die romantischste Location, dafür aber authentisch und typisch für mich und meinen Freund: Hier hatten wir eines unserer ersten ernsteren Dates …

Hedwig-Wachenheim-Str. 12 | Station: East Side Gallery oder Tamara-Danz-Str. | www.fiveguys.de | @fiveguysde zunehmen. Es gibt mehrere Filialen in Berlin, und jede für sich ist einzigartig.

Zehdenicker Straße 1 | Station: Rosa-Luxemburg-Platz | www.sanktoberholz.de | @oberholz

## 46. FLAKES CORNER

Wenn du auf Cornflakes stehst, dann schau' unbedingt im Flakes Corner vorbei. Mit dem Mega-Angebot von über 130 verschiedenen Cornflakes-Sorten aus aller Welt und Milch in diversen Flavoured-Varianten findest du in diesem Laden, das Paradies auf Erden. Außer Flakes bekommst du hier aber auch gutes Eis, Flavoured-Coffee, raffinierte Shakes und köstliche Waffeln.

Danziger Straße 77 | Station: Prenzlauer Allee/Danziger Str. | www.flakes-corner.com | @flakescorner

## 47. PRATER BIERGARTEN

Als ‚bayerisches Mädel' liebe ich natürlich deftiges Essen und wenn ich mich mal nach meiner Heimat sehne, kommt mir ein Besuch im Pratergarten immer Recht! Der Biergarten an der Kastanienallee existiert seit 1837 und ist als ältester Biergarten Berlins eine echte Institution. Bei schönem Wetter ist hier immer viel los, Besucher aus aller Welt sitzen dicht an dicht auf den Bierbänken unter den großen Kastanien, lassen sich das hausgebraute Bier und die Brezeln schmecken und sorgen für ausgelassene Stimmung. In der tra-

ditionellen Pratergaststätte gleich neben dem Biergarten gibt's deftige deutsche Hausmannskost zu günstigen Preisen.

Kastanienallee 7-9 | Station: Eberswalder Str. | www.pratergarten.de | @pratergarten

## 48. AVOCADO CLUB

Als Superfood steht die Avocado auf der Beliebtheitsskala von Gesundheitsfreaks ganz weit oben – in Berlin hat der Hype sogar ein Restaurant hervorgebracht, in dem sich alles um die kleine grüne Südfrucht dreht: der Avocado Club. Die Einrichtung in Grau- und Rosatönen ist mega-stylish und instagrammable, die vielen Grünpflanzen sorgen für Wohlfühl-Atmosphäre. Beim Blick auf die Karte hat man die Qual der Wahl. Es gibt

Im Umami kannst du auch in kleinen Sitznischen auf dem „Boden" essen.

Brot mit Avocado-Aufstrich, Tacos, Smoothies, Salate, Avocado-Süßkartoffeln, Pancakes, Waffeln und unglaublich kreative warme Gerichte – alles superfrisch und superlecker!

Holteistraße 13 | Station: Boxhagener Str./ Holteistr. | www.facebook.com/avocadoclub berlin | @avocadoclub.berlin

# SHOPPING

## 49. HUMANA

Am Frankfurter Tor kannst du im größten Secondhand-Kaufhaus Europas auf insgesamt fünf Etagen nach Herzenslust auf Jagd nach coolen Schnäppchen gehen. Damen, Herren, Kinder – alle werden hier fündig! Die Auswahl ist schier grenzenlos: Von Alltagskleidung wie Jacken, Hosen, Röcken und Shirts bis hin zu edler Abendgarderobe und schrillen Unikaten ist hier alles geboten. Auch Schuhe, Taschen und allerhand Accessoires stehen zum Kauf. Jeden Tag kommen neue Teile hinzu, es lohnt also, ab und zu mal vorbeizuschauen.

Frankfurter Tor 3 | Station: Frankfurter Tor

## 50. ERFINDERLADEN

Auf der Suche nach einem ganz besonderen Geschenk? Im Erfinderladen gibt es Dinge, von denen du bisher nicht wusstest, dass sie überhaupt existieren – gerade frisch erfunden, stehen sie hier zum Verkauf. Nimm dir Zeit und stöbere in diesem sagenhaften Angebot an kuriosen, originellen und praktischen Dingen – wie wäre es mit einem Brotkrustenausstecher oder Avocado-Pflanzhilfen? Hier bekommst du Gadgets, Deko-, Design- und Fun-Artikel und vieles mehr. Lass dich überraschen!

Lychener Straße 8 | Station: Eberswalder Straße

## 51. DONG XUANG CENTER

Klein-Hanoi mitten in Berlin: Das Dong Xuan Center ist Treffpunkt der vietnamesischen Gemeinschaft und mit sechs Hallen der größte Asienmarkt der Hauptstadt. Die Händler kommen nicht nur aus Vietnam – auch Chinesen, Inder und Pakistani verkaufen hier ihre Waren. Von Lebensmitteln und Gewürzen bis hin zu Kleidung, Pflanzen und Elektroartikeln findest du in diesem kleinen trubeligen Mikrokosmos alles, was du dir nur denken kannst. Die Leute treffen sich zum Essen und Teetrinken, gehen zum Friseur, gönnen sich eine Massage oder genießen einfach die lebendige Atmosphäre.

> **TIPP**
> Für Retro-Fans: In der Vintage-Abteilung werdet ihr bestimmt den einen oder anderen coolen Original-Fummel aus den 1950er- bis 1990er-Jahren aufstöbern.

**FOTO TIPP FOTO TIPP FOTO TIPP FOTO TIPP FOTO**

*Mein persönliches Highlight: Ein Laden voller Kunstblumen, der nicht bunter sein könnte – im richtigen Winkel lassen sich hier mega coole Fotos schießen!*

Auch Touren werden hier angeboten. Dabei kannst du ein bisschen tiefer in diese exotische Welt und ihre Geschichte eintauchen. Wer mal authentisch asiatisch kochen möchte, sollte auf jeden Fall hierhin einen Abstecher machen und die Zutaten besorgen!

Herzbergstraße 128-139 | Station: Herzbergstr./ Industriegebiet

## 52. KASTANIENALLEE

Diese Shoppingmeile hat im Hinblick auf ihr buntes Potpourri aus kleinen Läden mit Berliner Labels und Designern, stylishen Shops und Boutiquen, individuellen Cafés und Bars einen hohen Kult-Faktor. Das gemischte Publikum aus Hipstern, Alternativen und Shoppinggängern sorgt für ein lebendiges, pulsierendes Flair.
**Die Wühlischstraße in Friedrichshain ist übrigens ähnlich hip.**

Kastanienallee | Station: Eberswalder Straße

# BERLIN
## Kreuzberg & Neukölln

Kreuzberg ist der Dreh- und Angelpunkt für alle, die es bunt und multikulturell mögen. Die Alternativkultur zeigt sich in coolen Clubs, Cafés und Kneipen, türkische und arabische Einrichtungen geben sich mit ihnen ein Stelldichein. Im angrenzenden Neukölln geht's weniger großstädtisch zu, nur am Türkenmarkt am Maybachufer trifft sich die Welt.

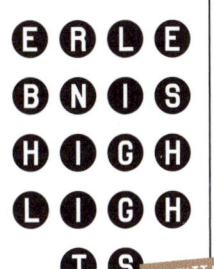

**ERLEBNIS HIGHLIGHTS**

KREUZBERG NEUKÖLLN

> **BERLINS JÜDISCHE GESCHICHTE ERFAHREN**

> **CHILLEN UND PARTY AUF DEM BADESCHIFF**

> **DEN „BEFREIER" GRÜSSEN**

> **FUN AUF DER INSEL**

> ............................

> ............................

> ............................

*Großstädtisch und dörflich, hip und trendy — ein einladender Mix!*

*zberg &*

*Neukölln*

## PARKS

- **59** TEMPELHOFER FELD
- **60** TREPTOWER PARK
- **61** VIKTORIAPARK

## ESSEN & TRINKEN

- **62** MARKTHALLE NEUN
- **63** FREISCHWIMMER

- **64** BULLYS BAKERY
- **65** MUSTAFA'S KEBAP
- **66** INSEL BERLIN
- **67** BRAMMIBAL'S DONUTS
- **68** FES – TURKISH BBQ
- **69** LAVANDERIA VECCHIA
- **70** KLUNKERKRANICH
- **71** ROAMERS

## SHOPPING

- **72** BERGMANNSTRASSE
- **73** VEGANZ
- **74** NOWKOELLN FLOWMARKT

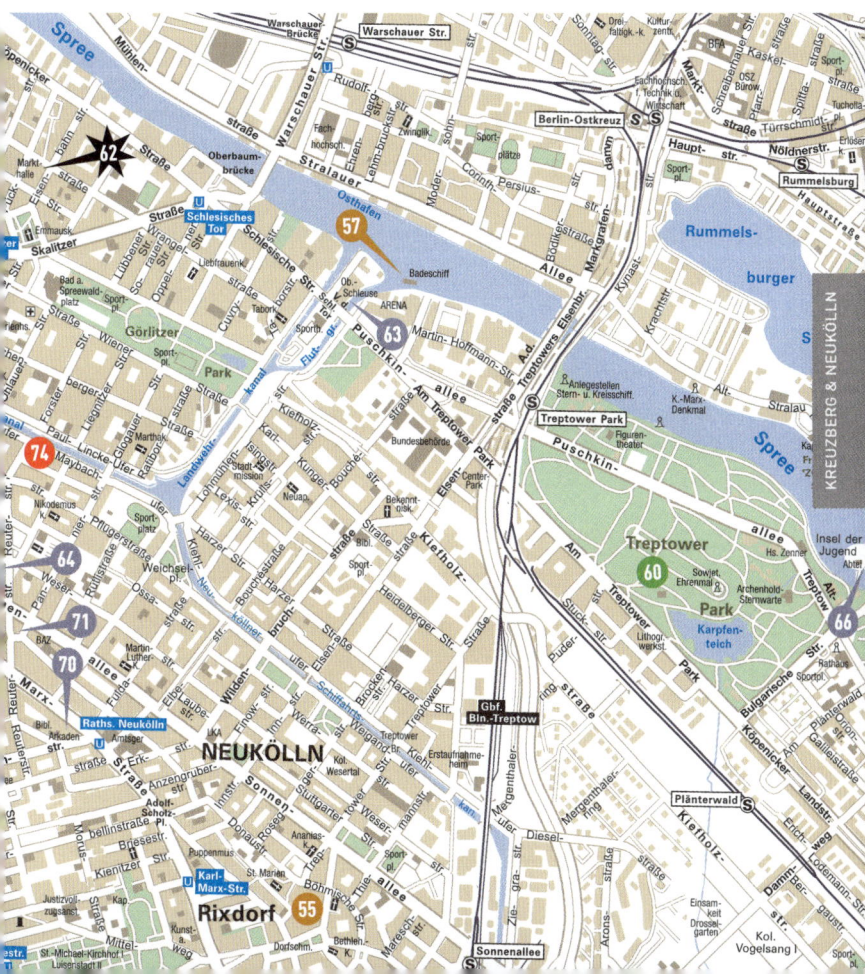

# SEHENSWERTES

## 53. JÜDISCHE GESCHICHTE IN BERLIN

Juden haben die Geschichte Berlins wesentlich mitgeprägt, in den 1920er-Jahren betrug die Zahl jüdischer Bürger in der Stadt rund 173 000. Nur 9000 von ihnen überlebten die Zeit des Nationalsozialismus. Der Geschichte der Juden und der Erinnerung an die Verbrechen an ihnen sind in Berlin eine Reihe von tollen Museen und beeindruckenden Gedenkstätten gewidmet.

## JÜDISCHES MUSEUM

Schon der kantige, schiefwinkelige Museumsbau des Stararchitekten Daniel Libeskind ist beeindruckend und ein Muss für alle Architektur-Fans: Manche sehen darin einen Blitz, andere fühlen sich an einen gebrochenen Davidstern erinnert. **Im Inneren greifen die bizarren Grundrisse der Ausstellungsräume in Kombination mit Multimediatechnik und Lichteffekten die Geschichte des jüdischen Lebens eindrücklich auf.** Die Architektur zielt bewusst auf Desorientierung und spielt mit Ungereimtheiten. So sind z.B. sogenannte Voids – düstere Betonschächte – Bestandteil des Gebäudes und zugleich der Ausstellung (Neueröffnung nach Umbau Mai 2020). Diese kalten unbeleuchteten Betonschächte sind bis auf einen nicht zugänglich – sie sol-

# BUCKET LIST
## Jüdisches Museum

Die Gedanken sind frei: Schreibe deine Erlebnisse, Eindrücke oder
Gefühle hier nieder.

„Fallen Leaves" im
Jüdischen Museum

len die durch den Holocaust entstandene Leere körperlich spürbar machen. Im Untergeschoss treffen sich drei Achsen, in denen sich die Geschichte der Juden spiegelt: die Achse des Exils, die Achse des Holocaust und die Achse der Kontinuität. Die Achse des Holocaust mündet in den Holocaust-Turm, einen separaten Gebäudeteil des Libeskind-Baus. Direkt neben dem architektonischen Gesamtmeisterwerk steht das barocke Verwaltungspalais, in dem heute u. a. Sonderausstellungen zu sehen sind. Der Innenhof ist von einer spektakulären Glas-Stahl-Konstruktion überdacht, ebenfalls nach einem Entwurf von Daniel Libeskind.

Umgeben ist das gesamte Museumsensemble von zwei wunderbaren Gartenanlagen, in denen im Sommer Veranstaltungen wie Lesungen und Konzerte stattfinden.

Lindenstraße 9–14 | Station: Jüdisches Museum

*Auch wenn es eine tolle Kulisse bietet: Der Nationalsozialismus ist ein sensibles Thema, und so reagieren die Berliner wütend, wenn jemand vor dem Mahnmal posiert und Fotos macht.*

## TOPOGRAPHIE DES TERRORS

Das Dokumentationszentrum befindet sich unweit vom Brandenburger Tor (Nr. 6) und kann kostenlos besichtigt werden. Von 1933 bis 1945 befanden sich genau hier die wichtigsten Zentralen, die den nationalsozialistischen Terror steuerten: das Geheime Staatspolizeiamt samt Gefängnis, die Reichsführung-SS und der Sicherheitsdienst (SD) der SS. Diesen bedeutenden Erinnerungsort kannst du sowohl durch Ausstellungsbereiche im Neubau der Dokumentationsstätte als auch durch einen Rundgang

über das Gelände mit 15 Stationen erschließen. **Im Inneren sind originale Bilder, Plakate und Dokumente aus der NS-Zeit ausgestellt, die plastisch das Grauen dieser Zeit zeigen.**

Niederkirchnerstraße 8 | Station: Wilhelmstr./ Kochstr.

## DENKMAL FÜR DIE ERMOR- DETEN JUDEN EUROPAS

Etwa 1 km nördlich vom Dokumentationszentrum liegt die zentrale Holocaustgedenkstätte Deutschlands: das Denkmal für die ermordeten Juden Europas, entworfen vom US-Architekten Peter Eisenman. Betonquader

wurden hier auf einer 19 000 m² großen Fläche so angeordnet, dass du zwischen ihnen wie durch ein Labyrinth hindurchgehen kannst. **Es ist natürlich individuell verschieden, welche Wirkung die Stelen auf den Besucher haben, aber bei vielen erzeugen sie wahrscheinlich ein Gefühl der Verlorenheit und Unsicherheit.** Zum Mahnmal gehört der unterirdisch angelegte „Ort der Information", der das Schicksal der Juden Europas während des NS-Terrors beleuchtet.

Georgenstraße 23 | Station: Bahnhof Berlin Friedrichstr.

Noch nicht genug entspannt? Das Vabali-Spa in Wedding hat ebenfalls einen tollen Wellness-Bereich.

## 54. LIQUIDROM

Die Seele baumeln lassen, sich schwerelos fühlen – im Liquidrom werden Wünsche wahr. Herzstück des Spa ist die große Kuppelhalle, hier schwebst du im Solewasser und hörst Unterwassermusik. Durch Farb- und Lichteffekte, wird die „Grotte" abends toll in Szene gesetzt. Für Dampfbad-Fans stehen im Haus gleich vier verschiedene Saunen zur Auswahl, selbstverständlich sind auch Massagen im Angebot. Für mich die pure Entspannung und mein Ausgleich zu meinem sonst sehr digital-lastigen Leben. Hier kommt das Handy mal weg und ich kann mich vollkommen entspannen! Mein Freund und ich kommen regelmäßig her, um wieder Energie zu tanken. **Abgerundet wird das Angebot durch Special-Events wie Live-Musik-Abende mit trendigen Downbeats.**

Möckernstraße 10 | Station: U-Bahnhof Möckernbrücke

## 55. RIXDORF

Mitten in der Stadt und doch ein Hauch von einem Dorfidyll – so könnte man mit knappen Worten Böhmisch-Rixdorf beschreiben. 1737 ließen sich entlang der heutigen Richardstraße böhmische Siedler nieder, die ihres protestantischen Glaubens wegen aus ihrer Heimat vertrieben worden waren. Rund um den Richardplatz lässt sich die Ortsgeschichte an ihren reizvollen historischen Bauten ablesen: die alte Schmiede, die beschauliche Bethlehemskirche, interessante Hin-

terhöfe, alte Fachwerkhäuser und dazu mondäne Villen aus der Gründerzeit. Dieser Stilmix macht Rixdorf zu einer kleinen Oase inmitten der Großstadt und zu einer tollen Foto-Location ohne viel Trubel. Man kann sich treiben lassen und sich in eines der schnuckeligen Cafés am Richardplatz setzen, bevor man weiterzieht.

Richardplatz | Station: Berlin Neukölln

*Der Stilmix in Rixdorf macht viele Ecken in diesem Viertel zu einer tollen Foto-Location.*

## 56. TÜRKENMARKT (MARKT AM MAYBACHUFER)

Bunt, vielfältig, multikulti und voller Leben präsentiert sich zweimal wöchentlich der Türkenmarkt, den nicht nur Fans der orientalischen Küche schätzen, sondern auch Anhänger frischer Bioprodukte. Hier kannst du dich umschauen, genießen, probieren, dich inspirieren lassen – **der Wocheneinkauf wird zum Event, und das orientalische Flair sorgt für eine einzigartige Atmosphäre.** Wie auf einem Basar preisen die Händler ihre Waren an: Obst, Gemüse, Fleisch, Fisch und Milchprodukte in Hülle und Fülle, büschelweise Kräuter, köstlich duftendes Streetfood … Zudem gibt's Stände mit Stoffen, Kleidung, Schuhen und vielem mehr.

Maybachufer 1 | Station: Schönleinstraße

*Gerade im Sommer kaufe ich hier gerne frisches Obst & Gemüse ein, genieße das wilde Treiben und die leckeren „Gözleme" (gefüllte Teigfladen).*

## 57. BADESCHIFF

Im Sommer ins Freibad gehen – wunderbar. Wenn's auch noch eine richtige tolle Location sein soll, dann ist in Berlin das Badeschiff ein ganz heißer Kandidat. **Der Pool, ein ehemaliges Schubboot, liegt wie eine große Badewanne mitten in der Spree und erinnert an Flussschwimmbäder aus der Zeit der Jahrhundertwende.** Besonders cool ist das Holzplateau, das das kühle Nass mit dem Ufer verbindet und zum Chillen in Liegestühlen und Hängematten einlädt – und das alles mit einem exklusivem Panoramablick auf die Spree, die Oberbaumbrücke und den Fernsehturm. Cocktails und vieles mehr gibt's gleich an der Bar.

Am Ufer selbst kitzelt der aufgeschüttete feine Sand zwischen den Zehen und sorgt für eine Extraportion Urlaubsfeeling. Für Aktive gibt's im Sommer Yoga- und Stand-up-Paddling-Kurse. Zudem werden hier Partys und Musikevents veranstaltet – was will man mehr?

Eichenstraße 4 | Station: Heckmannufer

## 58. WO GIBT'S DIE BESTE CURRYWURST?

So ganz genau weiß man es nicht, aber für Berliner ist klar, dass die Currywurst nach dem Zweiten Weltkrieg in Berlin erfunden wurde. Was auch immer dran sein mag, fest steht: Die Currywurst ist Kult, knackig, würzig-scharf und fast zu jeder Tageszeit an zumeist unspektakulären Imbissbuden zu haben. Doch wo gibt's die beste Currywurst? Die Geschmäcker sind ja bekanntlich verschieden. Damit die Wahl ein bisschen leichter fällt, hier ein paar Tipps für dich:

### CURRY 36 (KREUZBERG)

Schon seit 1980 versteht es der Inhaber, seine Kundschaft (in der sich ganz Berlin spiegelt) zu begeistern. Weit über die Stadtgrenzen hinaus ist Curry 36 heute bekannt und rühmt sich, fast schon ein Weltkulturerbe zu sein … Currywurst mit und ohne Darm, ob klassisch, bio oder veggie – da bleibt niemand hungrig. **Eines ist aber sicher: Sie ist immer gut und günstig!**

Mehringdamm 36 | Station: Mehringdamm | www.curry36.de | @curry36

### KONNOPKE'S IMBISS (PRENZLAUER BERG)

Die legendäre Wurstbude am altbewährten Platz unter der Hochbahn serviert Currywurst mit Biss: Gegründet wurde das Unternehmen schon 1930 von Max Konnopke und seiner Frau Charlotte. Alles fing klein an mit einem Bauchladen, bis schließlich zu Beginn der 1960er-Jahre die erste eigene Imbissbude bezogen werden konnte, die erste – so heißt es –, die in Ostberlin Currywurst verkaufte. **Wer's höllisch scharf liebt, ist hier an der richtigen Adresse.**

Schönhauser Allee 44B (unter der Hochbahn) | www.konnopke-imbiss.de

### BIER'S KUDAMM 195 (CHARLOTTENBURG)

Dass sich Currywurst und Champagner nicht ausschließen, stellt Bier's Kudamm 195, die wohl schickste Wurstbude Berlins, unter Beweis. Das Unternehmen besteht seit 1965 und hat sein kleines Domizil inmitten mondäner Geschäftshäuser. **Passend zum Ambiente wird die Currywurst hier auf Porzellangeschirr serviert – nach Wunsch gern mit einem Gläschen Champagner.** Schick, aber dennoch für jedermann erschwinglich. Hier soll schon alles gegessen haben, was Rang und Namen hat, selbst ein frisch vermähltes Paar samt Gästen.

Kurfürstendamm 195 | Station: Uhlandstraße | www.bier-s.com

*Wenn ihr mich fragt, die BESTE Currywurst in Berlin!*

# BUCKET LIST
## Die beste Currywurst

**MY FAVORITE CURRYWURST**

| NAME DER CURRYWURSTBUDE | RATING |
|---|---|
| | ☆ ☆ ☆ ☆ ☆ |
| | ☆ ☆ ☆ ☆ ☆ |
| | ☆ ☆ ☆ ☆ ☆ |
| | ☆ ☆ ☆ ☆ ☆ |
| | ☆ ☆ ☆ ☆ ☆ |
| | ☆ ☆ ☆ ☆ ☆ |
| | ☆ ☆ ☆ ☆ ☆ |
| | ☆ ☆ ☆ ☆ ☆ |

TIPP
Bei Picnic Berlin
einen Picknickkorb
bestellen, den Korb in
dem rot-weiß gestreif-
ten Häuschen am
Parkeingang Oder-
straße abholen – und
schon kann's losge-
hen. www.picnic-
berlin.com

# PARKS

### 59. TEMPELHOFER FELD

Entspannen und Spaß haben mitten
auf einem Flugfeld? Ja, das geht, wie
die Parkanlage Tempelhofer Feld
beweist. Das weitläufige Erho-
lungsgebiet befindet sich auf dem
Gelände des ehemaligen Flughafens
Tempelhof, dem Hauptflughafen der
legendären „Berliner Luftbrücke".
Das Gelände zählt heute zu den
größten innerstädtischen Freiflächen
weltweit. Man kann hier chillen,
picknicken, skaten, Drachen steigen
lassen und sogar Kite surfen. Oder
mal was ganz Neues ausprobieren:

18 Projekte rund um die Themen
Kunst, Kultur, Sport, Natur und Ge-
sellschaft animieren zum Mitmachen
und Dabeisein. Auch wenn ich nicht
die beste Skaterin bin, komme ich
hier im Sommer super gerne mit meinem Longboard, meinen Freunden
und Cookie her, die mit mir dann ein
bisschen auf dem Asphalt boarded!

Tempelhofer Damm | Station: Bahnhof
Tempelhof

# BUCKET LIST
## Tempelhofer Feld

Du hast unseren Tipp abgehakt?
Kleb ein Foto ein!

Ich auf dem Tempelhofer Feld

## 60. TREPTOWER PARK

Die Anlage an der Spree stammt aus dem 19. Jh. und bildet mit dem Volkspark Friedrichshain, dem Volkspark Humboldthain und dem Viktoriapark den Reigen der vier noch erhaltenen Berliner Gartenanlagen aus dieser Zeit. Hier kannst du sonnenbaden, Tret-, Ruder- und sogar Grillboot fahren – Chillen ist also angesagt.

Die Leichtigkeit verfliegt aber, wenn du das monumentale Sowjetische Ehrenmal besuchst, das Denkmal und Soldatenfriedhof zugleich ist. Das Zentrum der gewaltigen Anlage bildet ein Grabhügel mit einem Pavillon, auf dem der 12 m hohe „Befreier" steht. Die Statue stellt einen Soldaten dar, in der einen Hand ein gesenktes Schwert, auf dem anderen Arm ein Kind, zu seinen Füßen ein zerbrochenes Hakenkreuz. Dem Hügel gegenüber befindet sich am anderen Ende des Geländes die 3 m hohe Statue „Mutter Heimat", die als Sinnbild für die um ihre gefallenen Söhne trauernde Heimat steht. Die beiden Statuen, dazu ein Triumphbogen, zwei stilisierte Fahnen, Sarkophage und Grabplatten mit Ehrenkränzen – hier ist einfach alles bedeutungsschwer.

Alt Treptow | Station: Treptower Park

Der Treptower Park an der Spree

## 61. VIKTORIAPARK

Wenn du mal bei einem Parkspaziergang über die Dächer von Berlin blicken willst, bist du in dieser Gartenanlage an der richtigen Stelle. Sie befindet sich nämlich auf dem höchsten „Berg" (dem Kreuzberg) Berlins. Im 19. Jh. wurde hier ein Denkmal zur Erinnerung an die Siege über Napoleon errichtet. Um das Monument auch mit einem entsprechenden Ambiente zu umgeben, wurde rund 70 Jahre nach dessen Einweihung ein künstlicher Wasserfall am Nordhang, wohl nach Vorbildern aus dem Riesengebirge, angelegt – eine schicke Idee und tolle Foto-Kulisse! Hier bieten sich zahlreiche Perspektiven zum Fotografieren, allerdings ist der Wasserfall nur in den Sommermonaten in Betrieb.

Viktoriapark | Station: Katzbachstr./Kreuzbergstr. oder Monumentenstr.

*Abends werden das Monument und der Wasserfall wunderschön angeleuchtet, das verspricht tolle Aufnahmen und eine noch schönere Stimmung!*

KREUZBERG & NEUKÖLLN

# ESSEN & TRINKEN

### 62. MARKTHALLE NEUN

Als ich noch meinen Bürojob (bei Zalando) hatte, war jeder Freitag Markthallen-Friday! Nicht nur, weil die Markthalle gleich ums Eck war, sondern auch, weil es hier die verschiedensten Streetfood-Spezialitäten auf einem Fleck gibt – in einer richtig coolen Location! Für den kleinen Hunger habe ich mir meist eine Quiche mit Salat oder eine Focaccia geholt. Es gibt dort aber auch Burger, Nudelgerichte, herzhafte und süße Pancakes und zudem viele Stände, an denen man alles rund ums Essen (Gewürze, Wein etc.) kaufen kann – perfekt, um ein Geschenk oder Mitbringsel zu finden.

Der Eisstand hat jede Menge ausgefallene Sorten wie New York Cheesecake und Zitter (vegane Schoki, eine meiner Lieblingssorten). Eine Besonderheit der Markthalle Neun ist vor allem das wechselnde Angebot. Donnerstags ist z.B. Street Food Thursday (17–22 Uhr), an dem es nochmal eine komplett andere kulinarische Vielfalt zu entdecken gibt: britische Pies, mexikanische Tacos, Allgäuer Kässpatzen, thailändische Tapioka Dumplings, peruanisches Ceviche, nigerianisches Fufu... Was mir noch besonders gefällt: In einer Ecke gibt es Bücher zum Lesen und/oder Tauschen – typisch Berlin eben.

Eisenbahnstraße | Station: Eisenbahnstraße 42 | www.markthalleneun.de | @markthalleneun

# BUCKET LIST
## Markthalle Neun

Du hast unseren Tipp abgehakt?
Kleb ein Foto ein!

Ich in der Markthalle Neun

Freischwimmer

## 63. FREISCHWIMMER

Fernab von Trubel und Großstadt-rummel ist das Freischwimmer eine tolle Adresse, wenn das Lokal mal ein bisschen was anderes sein soll. Auf einem Steg am Ufer des Flutgrabens gelegen, mit Blick aufs Wasser, schmeckt einfach alles doppelt gut – ob Früh-stück, Mittag- oder Abendessen, ob Kaffee oder Kuchen… Gemütlich und stylish ist die Inneneinrichtung mit Holzmobiliar im Vintage-Design; passend dazu hat das Freischwim-mer auch tolle Angebote: Wie wär's z. B. mit einem „Familienessen" für dich und deine Freunde, bei dem die Gerichte wie Zuhause bei Mama in Schüsseln und auf Platten serviert auf den Tisch kommen?

Vor dem Schlesischen Tor 2 | Station: Heck-mannufer | www.freischwimmer-berlin.com | @restaurant_freischwimmer

## 64. BULLYS BAKERY

Der gute Ruf eilt der Neuköllner Bis-tro-Bäckerei voraus: Hier gibt's nicht nur geniale Croissants, sondern auch köstliche Kuchen – ganz vorn dran der New York Cheesecake – und un-glaubliche Gebäckkreationen wie karamellisierte Guanaja-Orange-Muffins. Dazu Flammkuchen und Sandwiches, Kaffee in allen Varian-ten… Da weiß man gar nicht, wo man anfangen soll.

Friedelstraße 7 | Station: Hermannplatz | www.facebook.com/Bullys-Bakery | @bullysbakery

## 65. MUSTAFA'S GEMÜSE KEBAP

Diese Imbissbude ist Kult und das nicht nur wegen des viel gerühm-ten Kebabs. Für ordentlich viel Pub-licity sorgte nämlich im Herbst 2019 ein Brand, der den Stand so stark beschädigte, dass er abgerissen werden musste und so mancher Stammkunde wohl schon fürchtete, in Zukunft auf seinen heiß geliebten Kebab verzichten zu müssen. Aber – Entwarnung: Der Klassiker unter den Kebab-Buden bleibt uns erhalten. Gleich gegenüber vom alten Standort bilden sich nun wie gewohnt an dem neuen, erst mal provisorischen Imbissstand wieder lange Schlangen, denn ob Einheimische oder Touristen – alle wissen, Mustafa's Kebap will man nicht missen!

Mehringdamm 32 | Station: Mehringdamm | www.mustafas.de | @mustafasgemuesekebap

## 66. INSEL BERLIN

Du willst raus ins Grüne und ans Wasser – da bietet sich die Insel der Jugend an. Die Freizeit- und Eventlocation ist vom Treptower Park aus über die schön geschwungene Abteibrücke zu erreichen. Hier kannst du spazieren gehen, Kanus mieten und es dir im Biergarten gut gehen lassen – oder die märchenhafte Brücke für ein Foto-Shooting nutzen (Foto siehe nächste Seite). Freiluftkino, Konzertbesuch oder doch lieber Party? Ein Poetry Slam wäre auch nicht schlecht? All das gibt's hier.

Alt-Treptow 6 | Station: Treptower Park oder Plänterwald | www.inselberlin.de

TIPP
Bei Rüyam Gemüse Kebab bekommen die Gäste geniale Kebabs per Nummernsystem sowie einen Begrüßungstee. Noch ein Argument für Ryam: Hier gibt's Sitzplätze. Hauptstraße 133; ww.rueyamdoener.de

Mustafa's berühmter Gemüse Kebap

## 68. FES – TURKISH BBQ

Hier wird türkische Esskultur gelebt. Das Fes eignet sich perfekt für eine kulinarische Runde mit Freunden, die es gern orientalisch mögen. Und so geht's: Man bestellt eine Auswahl an Mezze und anderen Leckereien. Alles wird dann wie bei einem kleinen Buffet auf dem Tisch drapiert; das Fleisch grillt man nach Belieben selbst auf einem Mini-Grill am Tisch.

Hasenheide 58 | Station: Südstern | www.fes-turkishbbq.com | @fes.berlin

## 69. LAVANDERIA VECCHIA

Ein tolles Restaurant, wenn du mal in ausgefallenem Ambiente richtig gut Italienisch essen möchtest. Noch heute erinnern aufgehängte Geschirrtücher an die ursprüngliche Nutzung der Location als Wäscherei. Passend dazu sind das Holzmobiliar und das unverputzte Mauerwerk ganz in Weiß gehalten. Mittags gibt's eine Tageskarte. Abends wird ausschließlich ein 9-Gänge-Menü, auf Vorbestellung auch ein vegetarisches 7-Gänge-Menü, serviert.

Flughafenstraße 46 | Station: Boddinstraße | www.lavanderia.berlin | @lavanderiavecchia

## 70. KLUNKERKRANICH

Über den Dächern von Berlin hat sich der Klunkerkranich auf dem obersten Parkdeck der Neukölln Arcaden einen perfekten Standort ausgesucht:

Über diese märchenhafte Brücke geht's zur Insel Berlin.

FOTO TIPP FOTO TIPP FOTO TIPP FOTO TIPP

## 67. BRAMMIBAL'S DONUTS

Handgemachte vegane Donuts in allen erdenklichen Variationen, sogar mit trendigen Kreationen der Saison und monatlich wechselndem Sortiment neben sechs festen klassischen Sorten – das gibt's nur bei Brammibal's. Besonders beliebt ist auch der monatlich wechselnde „Charity-Donut", dessen Erlöse zum Teil an wohltätige Organisationen in Berlin gespendet werden. **Auch an die begleitenden Hunde wird gedacht, und so wartet ein volles Glas Hundkekse auf die vierbeinigen Gäste.**

Maybachufer 8 | Station: Schönleinstraße | www.brammibalsdonuts.com | @brammibalsdonuts

Vom Kulturdachgarten aus hast du einen tollen Blick über die Skyline von Berlin mitsamt Fernsehturm und Teufelsberg. Aber nicht nur die Aussicht lockt nach oben: Neben Speis und Trank gibt's hier Konzerte, Partys, Poetry Slams, Yoga-Sessions…, auch Märkte – ob Flohmarkt, Foodmarkt oder Weihnachtsmarkt – werden hier veranstaltet. Hier lässt sich der kühle Drink zum Sonnenuntergang besonders entspannt genießen!

Karl-Marx-Straße 66 | Station: Rathaus Neukölln | www.klunkerkranich.org | @klunkerkranich

## 71. ROAMERS

Urig-klein und stylish, ein Hauch von Kalifornien – so präsentiert sich das winzige Café Roamers, das immer gut besucht ist. Wen wundert's bei dem Angebot: Die Gerichte (u. a. belegte Brote, Sandwiches, Salate, Pfannengerichte) haben nicht nur so klangvolle Namen wie „Sunny Side of Eggs", „Shadows of Green" und „Lonesome Sailor", sondern werden ebenso liebevoll zubereitet. Dazu gibt's tolle Getränke. Da wartet man gern mal auf ein freies Plätzchen.

Pannierstraße 64 | Station: Hermannplatz | www.roamers.cc | @roamers_berlin

Traumaussicht vom Klunkerkranich

KREUZBERG & NEUKÖLLN

# SHOPPING

### 72. BERGMANNSTRASSE

Kieziger als in der Bergmannstraße wird's nicht! Hier komme ich zwar seltener, dafür aber umso lieber her. Dann trinke ich hier einen Chai Latte und sitze am Straßenrand in der Sonne, sehe mir ein bisschen den Trubel der Straße an und nehme die tolle Energie auf, die dieser Ort ausstrahlt. Denn die Bergmannstraße hat ihren ganz besonderen Charme: schicke Häuserfassaden aus der Gründerzeit und auf der Straße reges geschäftiges Treiben, multikulturell und vielfältig. Wer Krimskrams mag und gern in Secondhand-Läden herumstöbert, ist hier genau richtig. Hier gibt es an jeder Ecke coole Läden zu entdecken.

Bergmannstraße | Station: Südstern

Es gibt hier viele Hunde und im gesamten Kiez herrscht eine hundefreundliche Atmosphäre. Deshalb darf auch Cookie manchmal mit zum Bummeln.

## 73. VEGANZ

Hier gibt's alles, was das vegane Herz begehrt und den Vorratsschrank richtig gut bestückt: leckere Alternativen zu Fleisch, Fisch und Käse, dazu Snacks, Pizza, Müsli ... Zudem findest du hier Zutaten, die dir das vegane Kochen und Backen erleichtern. Im angeschlossenen Café kann man sahnefreie Torten oder leckere Saitan-Bagel probieren. Mehrere Filialen in Berlin.

Marheinekeplatz 15 | Station: Gneisenaustraße

## 74. NOWKOELLN FLOWMARKT

Der Name des etwas anderen Flohmarkts am Maybachufer ist Programm: Hier trifft sich jeden zweiten Sonntag von Ende März bis Anfang Dezember die Szene und hält Ausschau nach trendigen Shirts von Berliner Designern, Retrotrödel, Kunsthandwerk und allem, was zum hippen Wohnstil passt. Für Unterhaltung sorgt Live-Musik, zur Stärkung gibt's Grillwurst oder auch Kaffee.

Maybachufer 31 | Station: Schönleinstraße

KREUZBERG & NEUKÖLLN

# BERLIN
## Charlottenburg & Wilmersdorf

In Charlottenburg stehen die Konsumtempel, und hier liegt auch Berlins berühmteste Einkaufsmeile, der Kurfürstendamm. Doch genauso bedeutsam sind hier Kultur und Geschichte. Sportfans pilgern ins Olympiastadion, und wer Hunger hat, schaut am Savigny-Platz mit seinen Restaurants, Bars und Cafés vorbei. Wilmersdorf hat viele Traditions- und Spezialitätengeschäfte zu bieten.

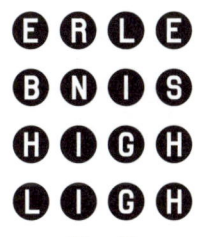

ERLEBNIS HIGHLIGHTS

CHARLOTTENBURG
WILMERSDORF

> SANDSTRAND AM WANNSEE

> INS „REALLABOR DER ENERGIEWENDE"

> KÜNSTLERKNEIPE DIENER

> MODE IN POP-UP-BOXEN

> ............................

> ............................

> ............................

Baden, chillen, shoppen – und am Gasometer ein Abenteuer.

# ...tenburg & Wilmersdorf

## SEHENSWERTES

- **75** STRANDBAD WANNSEE
- **76** SCHLOSS CHARLOTTENBURG
- **77** BOTANISCHER GARTEN
- **78** GASOMETER
- **79** KURFÜRSTENDAMM
- **80** WALDHOCHSEILGARTEN

## PARKS

- **81** PARK AM GLEISDREIECK

## ESSEN & TRINKEN

- **82** BENEDICT
- **83** THAIPARK (PREUSSENPARK)
- **84** DIENER TATTERSALL
- **85** THE BARN – KRANZLER
- **86** GOODIES
- **87** BARKETT

## SHOPPING

- **88** KADEWE
- **89** BIKINI BERLIN
- **90** GRANIT
- **91** WOCHENMARKT AM KARL-AUGUST-PLATZ

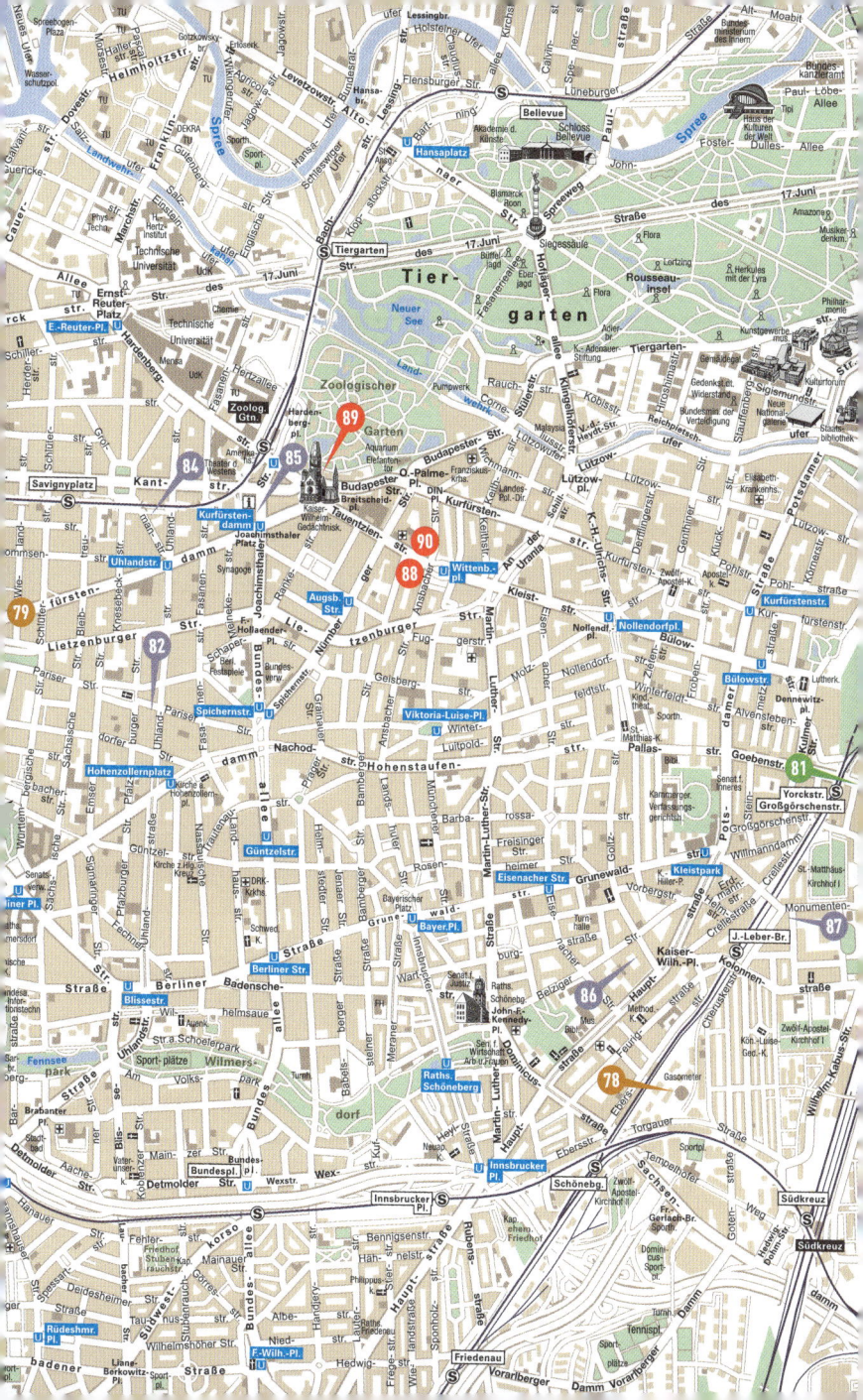

FOTO TIPP

# SEHENSWERTES

### 75. STRANDBAD WANNSEE

Wenn du dich im Sommer mal eben in den Urlaub „beamen" willst, ist das Strandband Wannsee auf jeden Fall die beste Möglichkeit dafür! Die Geschichte des größten Binnensee-Bads in Europa reicht mehr als 100 Jahre zurück, aber noch immer heißt es: „Pack die Badehose ein!" An heißen Sommertagen kannst du hier entspannt im Strandkorb brutzeln, es dir auf dem über 1 km langen Sandstrand gemütlich machen und ein erfrischendes Bad im See nehmen. Es ist zwar gerade am Wochenende auch sehr voll, aber trotzdem herrscht dort eine gute

und sehr entspannte Stimmung. Und wie könnte es anders sein: Strand, See und Strandkörbe bieten gleich noch eine tolle Foto-Location. An der Beachvolleyballanlage kannst du etwas für deine Fitness tun oder den anderen beim Match zusehen. Am angrenzenden Wassersportcenter gibt's Tret- und Ruderboote sowie SUPs zu mieten.

**Wenn du noch Lust auf eine Schiffstour hast, nimmst du die BVG-Fähre und schipperst gemächlich über den Wannsee ins dörfliche Kladow und wieder zurück.** Die 20-minütige Fahrt ist übrigens im BVG-Tagesticket enthalten.

Wannseebadweg 25 | Station: Nikolassee, 15 Minuten Fußweg

# BUCKET LIST
## Strandbad Wannsee

Bestreiche die sandfarbenen Flächen mit Klebstoff (oder etwas anderem was klebt) und streue etwas Sand darüber.

**FOTO TIPP**

*Um in Ruhe schöne Foto zu knipsen, ist der hintere Teil des Schlosses geeignet, da hier etwas weniger los ist und man in alle Richtungen coole Motive findet.*

Vor der Kulisse von Schloss Charlottenburg

## 76. SCHLOSS CHARLOTTENBURG

Zum ersten Mal habe ich das Schloss Charlottenburg und den Schlossgarten im Herbst angesehen und mich direkt total verliebt in diese wunderschöne Location! Obwohl ich zu dieser Zeit schon vier Jahre in Berlin gewohnt hatte, war ich davor nie hier gewesen – bis mir eine gute Freundin den Spot zeigte. Man kann dort rund ums Schloss schöne Plätze finden, in dem wunderbaren, weitläufigen Park auf verschlungenen Pfaden spazieren gehen und auf der Liegewiese entspannen. Bei einem Rundgang durchs Schloss, für das Kurfürstin Sophie Charlotte 1696 selbst den Auftrag erteilt hatte, kannst du sehen, wie stilvoll sie hier residiert hat. Zunächst nutzte sie es als Sommerresidenz, zog bald aber ganz hierher. Im Lauf der Jahrhunderte wurde das Schloss immer weiter ausgebaut. Ein Anziehungspunkt ist auf jeden Fall das Porzellankabinett, ein ganzer Raum voll mit edlem Porzellan. **Ganz sicher wirst du in Schloss und Garten tolle Fotolocations finden. Besonders zur Herbst- und Winterzeit finde ich es hier extrem schön.**

Spandauer Damm 20-24 | Station: Luisenplatz/ Schloss Charlottenburg

## 77. BOTANISCHER GARTEN

Der Botanische Garten hat einen großen Außenbereich mit Blumen, Sträuchern und Bäumen aus aller Welt. In dieser grünen Oase streifst du in kurzer Zeit von einer Alpenlandschaft bis in den Kaukasus und zu japanischen Kirschbäumen und findest dort natürlich super schöne Locations. **Ich persönlich finde das Kakteenhaus mit seinen unzähligen kleinen und großen eindrücklichen Exemplaren am besten, um coole Bilder zu machen!** Es kostet zwar Eintritt, aber dafür hat man auch wirklich spezielle Hintergründe für seine Fotos. Vielleicht findest du deine Lieblingsmotive ja auch im Großen Topenhaus, dessen frei tragender Hallenbau bei seiner Errichtung 1906/07 als technisches Meisterwerk galt und im Garten nicht zu übersehen ist. Hier findest du tropische Gewächse von fast allen Kontinenten, sowie viele Palmen und tolle Wasserstellen – einfach eine mega Location! Positiver Nebeneffekt: Durch die spannenden Infotafeln gehst du nicht nur mit tollen Bildern, sondern auch mit neuem Wissen nach Hause!

Königin-Luise-Straße 6–8 | Station: Königin-Luise-Str./Clayallee

FOTO TIPP FOTO TIPP FOTO TIPP FOTO

## 78. GASOMETER

Für Leute, die schwindelfrei und körperlich fit sind, ist die Besteigung des denkmalgeschützten Gasometers ein echtes urbanes Abenteuer. **420 Metallstufen führen über 100 Jahre alte Stahlstreben hinauf, bis man schließlich den obersten Ring in 78 m Höhe erreicht.** Hier in den Lüften fühlt man sich frei wie ein Vogel und hat einen sensationellen Ausblick über ganz Berlin. Die Besteigung ist nur im Sommer und nur im Rahmen einer Führung möglich, zu der du dich rechtzeitig anmelden solltest. Bei schlechter Witterung kann die Führung kurzfristig abgesagt wer-

den. Der Gasometer gehörte übrigens einst zur Gasanstalt Schöneberg. Rund um das beeindruckende Industriedenkmal wurde auf dem EUREF-Campus ein Stadtquartier entwickelt, das als ein „Reallabor der Energiewende" konzipiert ist. Hier sitzen wissenschaftliche Institute, clevere Start-ups und Unternehmen, die sich einer intelligenten und zukunftsorientierten Energieversorgung verschrieben haben. Nach Voranmeldung kann man an einer Führung durch das Quartier teilnehmen.

EUREF-Campus 17 | Station: Schöneberg

FOTO TIPP FOTO TIPP FOTO TIPP FOTO TIPP

Blick vom Gasometer
über die Stadt

## 79. KURFÜRSTENDAMM (KU'DAMM)

Der 3,5 km lange und weltberühmte Prachtboulevard der Stadt mit seinen mondänen Edelboutiquen voll Pelzen, Schmuck, und der neuesten Gucci-Kollektion steht für Shopping auf höchstem Niveau. Es ist aber auch schon ein Erlebnis, an den Schaufenstern entlangzuflanieren und einen Blick auf die eleganten Objekte zu werfen. Zum Entspannen und Leute beobachten laden hier zahlreiche nette Cafés ein. Tatsächlich habe ich während meines Studiums in einem Modegeschäft am Ku'damm gearbeitet. Vom vierten Stock aus hatte ich immer einen super Ausblick über den Trubel dort. Zwischen den prächtigen, erhaltenen Altbauten glänzen inzwischen auch architektonische Highlights. So wurde beispielsweise das Bikini-Haus – so nannten die Berliner liebevoll ihre Produktionsstätte für Bademoden – aufwendig saniert. Das zieht nach dem Ost-Hype auch wieder ein jüngeres Publikum an den altehrwürdigen Kurfürstendamm, der übrigens im 16. Jh. als Reitweg angelegt wurde. **Besonders im Winter ist der Ku'damm wunderschön – dank einem Weihnachtsmarkt und den vielen Lichtern!**

Kurfürstendamm | Station: Kurfürstendamm

CHARLOTTENBURG & WILMERSDOF

TIPP
Das denkmalgeschützte, sanierte Kino Zoopalast aus den 1950er-Jahren, bietet moderne Cinema-Erlebnisse.

**TIPP**
Im Grunewald lockt
der Teufelssee als
ideales Ausflugsziel
und toller FKK-Ba-
desee. An seinem
Ostufer bietet das
Naturschutzzentrum
Ökowerk Aktionen wie
Survival-Touren an.

## 80. WALDHOCHSEILGARTEN JUNGFERNHEIDE

Im wunderschönen Volkspark Jungfernheide, einem großen Mischwald,
trifft sich die Szene der schwindel-
freien Hochseilgarten-Freaks. Für
Einsteiger geht es nur 3 m über den
Boden, Profis bewegen sich 17 m hoch
zwischen den Bäumen. Für jedes Niveau gibt es ausgewiesene Routen,
und natürlich wirst du zu Beginn ausgiebig in die Sicherungssysteme ein-
gewiesen. Na dann, nichts wie los!

Hangel dich über Seilbrücken und
Strickleitern, schwing dich von einem Baum zum nächsten und fliege
mit der Seilrutsche durch die Lüfte.
**Wenn dir gerade nicht der Sinn nach
Hochseilgarten steht, lässt du dich in
dem angeschlossenen Biergarten in
einem Sonnenstuhl nieder, genießt
ein Getränk, dazu eine Pizza und be-
obachtest das bunte Treiben in den
Bäumen.** Der Volkspark lässt sich
natürlich auch super zu Fuß und mit
dem Fahrrad erkunden. Wer Lust auf
ein Bad hat, entspannt im Strandbad
Jungfernheide.

Heckerdamm 260 | Station: Halemweg

# PARKS

## 81. PARK AM GLEISDREIECK

In seiner kurzen Geschichte hat der moderne City-Park schon einige Preise eingeheimst, so auch den Deutschen Landschaftsarchitektur-Preis 2015. Hier treffen sich Jogging-, Skating- und Beachvolleyball-Fans, aber auch Leute, die einfach nur spazieren gehen und chillen wollen. Es gibt hier gewachsenes Grün in einer großen Vielfalt, weitläufige Wiesen- und Rasenflächen, die vielseitig nutzbar sind sowie Spiel- und Sportplätze. Hier kann man sich zurückziehen oder Menschen treffen und gemeinsam picknicken. Die Anwohner engagierten sich intensiv für die Umgestaltung des ehemaligen Bahnknotens und trafen dabei den Puls der Zeit: Berliner und Touristen aller Generationen lieben diesen Park, der aus dem Ost- und Westpark besteht! Wer eine Stärkung benötigt, begibt sich zum Café Eule in der Kleingartenkolonie im Westteil des Parks, das in einem Container untergebracht ist. Hier kann man selbst gemachte kleine Speisen wie Suppen, Panini, Quiches und Kuchen genießen. Im Ostpark gibt es zwei Kioske, bei denen du Snacks und Getränke bekommst.

Möckernstraße 26 | Station: Yorckstraße

CHARLOTTENBURG & WILMERSDOF

# ESSEN & TRINKEN

## 82. BENEDICT

Wenn man um 3 Uhr morgens Lust auf pochierte Eier oder Pancakes mit einem Cocktail hat, ist man bei Benedict auf jeden Fall an der richtigen Adresse. Das Frühstücksrestaurant hat nämlich 24/7 offen! Hier gibt es den ganzen Tag (und die ganze Nacht) leckeres Frühstück u. a. mit frischen Brötchen, dazu einen Mimosa oder andere Cocktails. Auch das Ambiente ist super schön und erinnert ein bisschen an ein französisches Bistro. Aber aufpassen: Gerade am Wochenende kann es auch mal einige Zeit dauern, bis man einen Platz bekommt, denn hier stehen die Leute Schlange für ihren Brunch.

Uhlandstr. 49 | Station: Hohenzollernplatz | www.benedict-breakfast.de | @benedictberlin

LOW $ BUDGET

## 83. THAIPARK/PREUSSEN-PARK

Liebhaber der thailändischen Küche sind hier genau richtig: Denn in dem eigentlich ganz „normalen" Preußenpark am Fehrbelliner Platz entsteht am Wochenende eine bunte, exotische, duftende Welt. Thailändische Großfamilien bereiten dann in ihren Garküchen authentische, äußerst leckere Gerichte zu und freuen sich, die Besucher aus aller Welt zu kleinen Preisen bewirten zu dürfen. Und das lockt mitunter die Massen in den „Thaipark". Auf der großen Liegewiese lässt es sich nach dem Picknick wunderbar entspannen. Und wer dann ein wenig Bewegung braucht, testet die Outdoor-Fitnessgeräte oder spaziert eine Runde durch den Park.

Konstanzer Straße 49 | Station: Konstanzer Straße | www.thaipark.de | @thaipark

Hunde sind im Benedict gern gesehene Gäste und so nehme ich Cookie hin und wieder mit.

# BUCKET LIST
*Thaipark*

Du hast unseren Tipp abgehakt?
Kleb ein Foto ein!

Schlemmen im Thaipark

## 84. DIENER TATTERSALL

Die Künstlerkneipe Diener ist eine echte Berliner Institution, die man einfach erlebt haben muss. Der Kneipengründer Franz Diener war ehemaliger Boxmeister, und viele Promis gingen bei ihm ein und aus. Davon zeugen heute noch zahlreiche Künstlerporträts an den Wänden und lassen den Charme und die Geschichte Charlottenburgs lebendig werden. Auch heute noch verkehren hier Schauspieler, Zauberkünstler und „Promis"... Die gesamte bewegte Geschichte des Diener kann man auf der Karte nachlesen. Zu essen gibt's Suppen sowie kalte und warme bodenständige Berliner Gerichte – natürlich darf deshalb die Bulette mit Bratkartoffeln und sauren Gurken nicht fehlen.

Grolmanstraße 47 | Station: Uhlandstraße | www.diener-berlin.de

## 85. THE BARN IM CAFÉ KRANZLER

Das altehrwürdige Café Kranzler, das einst berühmteste Kaffeehaus Westberlins, wurde 2016 mit völlig neuem Konzept wieder eröffnet – jetzt betrieben vom Coffeeshop The Barn. Und schon allein der Architektur wegen sollte man dem Café einen Besuch abstatten. Sensationell ist der Ausblick auf den Ku'damm, besonders an schönen Tagen lockt der Balkon, der einmal um das Gebäude herumführt. Der handgebrühte, feinaromatische Kaffee, den The Barn frisch in Berlin röstet, ist umwerfend. Auch selbst gemachte Kuchen und saisonale Gerichte stehen auf der Karte.

Kurfürstendamm 18 | Station: U Kurfürstendamm | www.thebarn.de | @thebarnberlin

## 86. GOODIES

Im Goodies werden vegane Gerichte vom Feinsten serviert. Foodies starten hier mit einem Power-Frühstück in den Tag – super gesund, na klar. Zur Auswahl stehen Bowls, Overnight Oats und Superfood Porridge, dazu eine Vielzahl von Kaffeespezialitäten mit diversen Milchalternativen. Noch mehr Energie liefern Smoothies und weitere exotische Getränke wie Kokosnuss-Kefir. Zum Lunch locken Hot-Bowls, Suppen, Salate, Bagels und Wraps, die dir die nötige Power für den Nachmittag und den Abend liefern. Goodies steht für Clean Eating und für Nahrung, die dem Körper zu Lebensfreude verhilft. Das kommt an, und so ist in den diversen Goodies in Berlin, beispielsweise in der Filiale in Schöneberg, oft ziemlich viel los.

Akazienstraße 28 | Station: Eisenacher Str. | www.goodies-deli.com | @goodiesberlin

## 87. BARKETT

In dieser Bar in Schöneberg mit stylishem Ambiente gibt es jeden Sonntag einen köstlichen veganen Brunch mit allem, was das Herz begehrt: Suppen, Smoothies, tolle Brotaufstriche, Kuchen und vieles mehr. Besonders zu empfehlen: die saftigen Schokobrownies. Abends werden hier Craftbiere, klassische Cocktails und Eigenkreationen, Liköre, gute Weine usw. serviert, dazu gibt's Music-Events, z.B. Jazz-Sessions, das Vinylwohnzimmer und montags Barkett's Open Mic: Open Stages für Bands.

Czeminskistraße 10 | Station: U-Bhf Kleistpark | www.barkett.berlin | @barkettberlin

CHARLOTTENBURG & WILMERSDORF

# SHOPPING

## 88. KADEWE

Der Pilgerort für Fans des gepflegten Shoppens: Das legendäre Kaufhaus des Westen präsentiert edle Produkte auf höchstem Niveau. Ob in der Beauty-Welt oder in der Fashion-Abteilung, wo du die berühmtesten und angesagtesten Marken findest – das KaDeWe ist einfach toll! Wie viele Frauen habe ich auch eine Schwäche für schöne Designerhandtaschen. Und wenn ich mir mal ein bisschen Luxus gönnen möchte, kaufe ich diese hier, wo das besondere Flair herrscht. Und selbst wer nichts kaufen möchte, hat seine helle Freude beim Durchschlendern! Außerdem arbeiten Freunde von

mir hier: Daher schaue ich für die gute Beratung und ein kurzes Schwätzchen immer mal hier vorbei.

In der sechsten Etage findest du neben einer sensationellen Auswahl an internationalen Spezialitäten aus aller Welt, die neu designte Abteilung für süße Köstlichkeiten – ganz in Pastell! Wer nicht selbst kochen will, kann in den zahlreichen Bars und Restaurants viele edle Dinge kosten: Austern, Bouillabaisse, Kikok-Hähnchen, gegrillte Fische, Kartoffeln in raffinierten Kombinationen, Sushi und Sashimi in höchster Qualität. Es lohnt sich auf jeden Fall, dem Shopping-Hype hier mal zuzusehen.

Tauentzienstraße 21-24 | Station: Bahnhof Wittenbergplatz

## 89. BIKINI BERLIN

Im sanierten Bikinihaus gegenüber der Gedächtniskirche mit seinem kreativen Fabrikcharme findest du die weltweit erste Concept Shopping Mall mit sorgfältig ausgewählten Boutiquen und Gastronomiebetrieben. Hier bieten auch Berliner Designer kreative Accessoires und ausgefallene Mode an. Super aktuell sind die Stücke in den originellen Pop-Up-Boxen, die nur für eine bestimmte Dauer gemietet werden können – cooler Spot bei schlechtem Wetter oder im Fall von: den ganzen Schrank voll mit „nichts anzuziehen".

Budapester Straße 38-50 | Station: Zoologischer Garten

## 90. GRANIT

Schwedisches Design überzeugt auch hier: Clevere Lifestyle-Artikel für die Wohnung verlocken zum Einkauf. Für die Küche kannst du bestimmt immer etwas Praktisches, Hübsches gebrauchen, genauso wie fürs Bad, oder? Ich liebe schwedisches Interior auf jeden Fall und daher diesen Laden total! Zudem legen die Macherinnen großen Wert auf die Nachhaltigkeit ihres Konzepts und verwenden beispielsweise natürliche Materialien. Es gibt mehrere Filialen.

Tauentzienstraße 1 | Station: Wittenbergplatz

## 91. WOCHENMARKT AM KARL-AUGUST-PLATZ

Mittwochs und samstags bietet dieser Markt um die Trinitatis-Kirche Spezialitäten aus ganz Europa an: Frische Pasta, Almkäse, hochwertiges Obst und Gemüse aus Bio-Anbau, duftendes Fladenbrot, Oliven, Wurst, Antipasti, exklusive Schokolade, Snacks für Tiere und vieles mehr machen den Markt zu einem Pilgerort für Gourmets. Erstklassig ist auch das Angebot der verschiedenen Streetfood-Stände.

Krumme Straße 23 | Station: Wilmersdorfer Straße

CHARLOTTENBURG & WILMERSDORF

# BERLIN
## Wedding & Moabit

Wedding und Moabit waren früher nicht gerade In-Viertel – heute sind sie schillernd und bunt, auf den Straßen trifft man Menschen aus aller Welt, die kulturelle und religiöse Vielfalt ist enorm. Dass ein Multikulti-Schmelztiegel nicht nur Probleme birgt, sondern auch viele Vorteile mit sich bringt, zeigt sich an der positiven Energie, die in diesen Vierteln viele neue internationale Geschäfte, Cafés und Lokale entstehen lässt und das Lebensgefühl hier prägt.

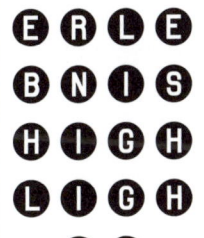

**ERLEBNIS HIGHLIGHTS** WEDDING MOABIT

> **AUSFLUG IN DIE UNTERWELT**

> **EISBÄR KNUT BEGEGNEN**

> **SCHLARAFFENLAND IN DER MARKTHALLE**

> **PARADIES FÜR WAFFELFANS**

> ..............................

> ..............................

> ..............................

*Viele Kulturen, jede Menge Kultur: Hello in Wedding und Moabit!*

Wedding &
Moabit

## SEHENSWERTES

✦ BERLINER UNTERWELTEN

**93** MUSEUM FÜR NATURKUNDE

**94** ARMINIUSMARKTHALLE

### PARKS

**95** FRITZ-SCHLOSS-PARK

## ESSEN & TRINKEN

**96** WONDER WAFFEL

**97** SONS OF MANA

**98** GÜLLÜ LAHMACUN

**99** YA-MAN

**100** CAFÉ PFÖRTNER

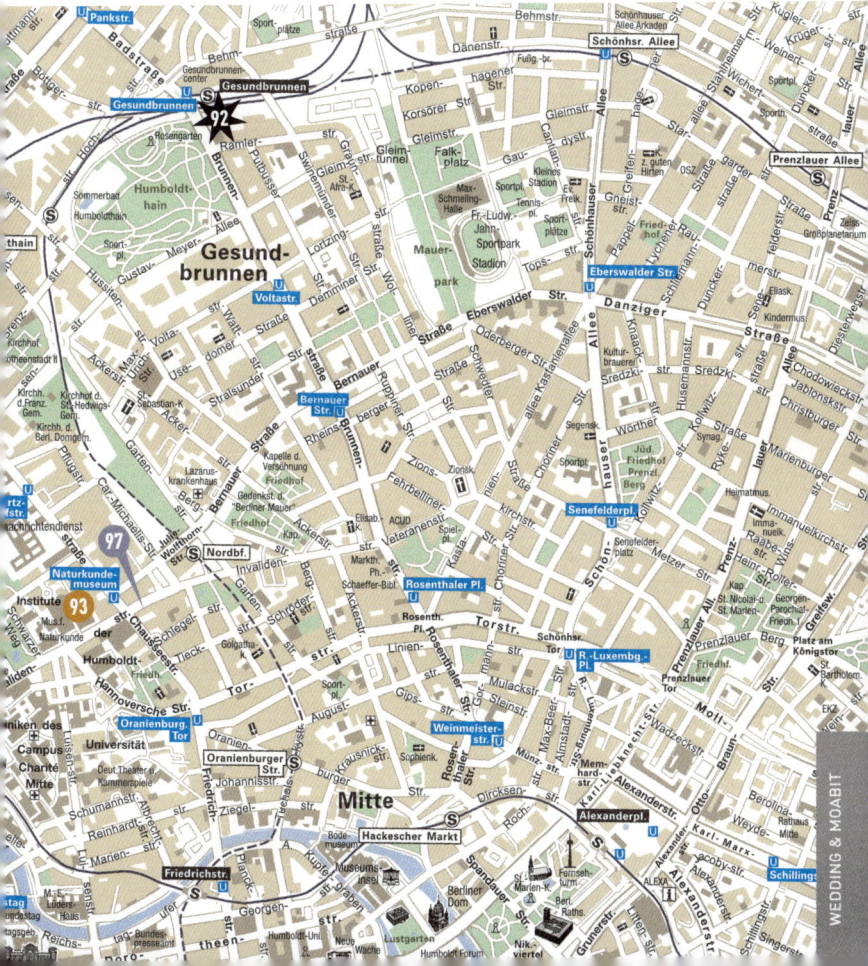

# SEHENSWERTES

## 92. BERLINER UNTERWELTEN

Ab in den Untergrund! Aus einer ganz anderen Perspektive erlebst du die Hauptstadt bei Berliner Unterwelten e.V. Der Verein bietet zahlreiche Themen-Touren in den Berliner Untergrund an, z. B. Führungen durch die unterirdischen Schutzräume im U-Bahnhof Gesundbrunnen, in denen sich auch die Zentrale des Vereins mit mehreren Ausstellungsräumen befindet. Aber es geht auch durch die verschiedenen gigantischen Bunkeranlagen, die unter der ganzen Stadt verteilt sind, durch originale Fluchttunnel aus DDR-Zeiten und hinunter in die Kelleranlagen der Berliner Kindl-Brauerei. **Bei der BVG-Caprio-Tour fährt man in einem Waggon ohne Dach durch den finsteren Tunnel – Helm auf und festhalten!** Zwei Stunden dauert die Geisterbahnfahrt, die nur während der Sommersaison angeboten wird. Nichts für schwache Nerven!

Brunnenstraße 105 | Station: Gesundbrunnen | www.bvg.de/cabrio

Blick in die Unterwelt

# BUCKET LIST
## Berliner Unterwelten

Schmier ein wenig Dreck oder Ruß
auf deine leere Seite.

## 93. MUSEUM FÜR NATUR-KUNDE

Ein Besuch im Museum für Natur-kunde, einem der ältesten Museen Berlins, kommt einer Zeitreise gleich. In der großen Halle wirst du erstmal vom Neuzugang „Tristan Otto", einem der besterhaltenen Tyrannosaurus-Rex-Skelette, begrüßt. Nachts-im-Museum-Feeling inklusive! Lass dich über Jahrmillionen zurück zu den Ursprüngen unserer Erde beamen und tauche ein in die Tiefen des Universums. Es gibt zahlreiche faszinierende Themenwelten zu entdecken, wofür ein Tag allein nicht reicht! Die ausgestellten Tierpräparate sind dabei eine Klasse für sich. Einige Exponate, die in einem gesonderten Saal zu sehen sind, zählen zu den absoluten Highlights vollendeter Präparationskunst. **Unter ihnen befindet sich u. a. der legendäre Eisbär Knut, der nur fünf Jahre alt wurde und in dieser Sammlung lebensecht erhalten bleibt.**

Invalidenstraße 43 | Station: Naturkunde-museum

*Eines meiner Lieblingsmuseen und absolutes Muss bei einem Berlin-Besuch!*

## 94. ARMINIUSMARKTHALLE

Willkommen im Schlaraffenland! In der restaurierten, denkmalgeschützten Arminiusmarkthalle aus dem Jahr 1891 findest du ein riesengroßes Angebot an frischen Lebensmitteln, Blumen, Wein, Eis und Süßigkeiten sowie viele nationale und internationale Essensstände, an denen man sich wunderbar durchfuttern kann. Schon das Gebäude allein ist einen Besuch wert, wähnt man sich doch beim Anblick der kunstvoll verzierten Säulen und Bögen und der großen Bogenfenster eher in einer prächtigen Kirche – wären da nicht die lautstarken Händler und die wuselige Geschäftigkeit an den Ständen, die einen schnell in die Realität zurückholen. Auch kulturell wird hier einiges geboten: Mit Veranstaltungen wie den Ateliertagen, der Langen Nacht der Weine, dem Designmarkt Artminius21 oder den Berliner Käsetagen sowie mit dem stetig wachsenden Angebot an coolen Kunst- und Designprodukten regionaler Manufakturen hat sich die Arminiusmarkthalle weit über Moabit hinaus einen Namen gemacht.

**Genießer-Tipp: Beim Pignut BBQ bekommst du US-Südstaaten-Barbecue vom Feinsten – alles nach original Familienrezepten aus Alabama zubereitet!**

Arminiusstraße 2-4 | Station: Turmstraße

Wer es kreativ mag, kann auch die Freisportgeräte nutzen, um mal ein bisschen verrücktere Fotomotive zu shooten!

# PARKS

## 95. FRITZ-SCHLOSS-PARK

Die große Grünanlage mit zwei Anhöhen entstand auf den Trümmern aus dem Zweiten Weltkrieg. Im Winter trifft man sich hier zum Schlittenfahren, im Sommer zum Spazierengehen, Chillen und für andere Freizeitaktivitäten. Der Park ist eine Oase der Ruhe mit altem Baumbestand, vielen verschlungenen Wegen, verwunschenen Ecken, und er ist selten überlaufen. Es gibt eine Joggingstrecke, diverse Sportgeräte und einen Minigolfplatz mit einem kleinen Café. Auf dem rund 12 ha großen Parkgelände befindet sich außerdem der Moabiter Sport-Park, zu dem das denkmalgeschützte Poststadion, mehrere Fußballplätze, eine Turn- und Ruderhalle, Tennisplätze, eine Rollschuhbahn und ein Hallenbad gehören.

Kruppstraße 14a | Station: Turmstr./Rathenower Str.

# ESSEN & TRINKEN

### 96. WONDER WAFFEL

Von den beliebten Filialen mit den ul-
timativen Waffelträumen gibt es gleich
mehrere in der Hauptstadt – u. a. eine
in Wedding und eine in Moabit. Sei
kreativ und kreiere dir deine absolute Lieblingswaffel, genau so, wie du
sie schon immer haben wolltest. Einfach wird das allerdings nicht, denn
dir stehen sage und schreibe über 250
verschiedene Zubereitungsvarianten
zur Wahl! Als wahrscheinlich größter
Kinderriegel-Fan der Welt lasse ich
mir natürlich davon reichlich in meine
Waffel packen – aber nicht nur deshalb bin ich absoluter Wonder-Waf-
fel-Liebhaber! Zudem gibt's köstliche
Milchshakes in allen erdenklichen Ge-
schmacksrichtungen.

Stromstraße 14 | Station: Gesundbrunnen |
www.wonderwaffel.de | @wonder_waffel

### 97. SONS OF MANA

Aloha! Lust auf gesundes Trend-Food
aus Hawaii? Dann lass dir eine Poke
Bowl im Sons of Mana schmecken. Bei
Poke ist der Name Programm: „Klein
Geschnittenes" kommt bei diesem ty-

Türkisches Essen: traditionell und lecker

pisch hawaiianischen Gericht zusammen und bildet mit vielen frischen Zutaten eine grandiose Fusion aus asiatischen, kalifornischen und polynesischen Einflüssen. Die Grundzutaten, bestehend aus Reis, Fisch und Dressing, sind immer gleich – die Toppings kannst du aber ganz nach deinen persönlichen Vorlieben auswählen. Mehrere Filialen in Berlin!

Invalidenstraße 112 | Station: Naturkundemuseum | www.sonsofmana.de | @sonsofmana

## 98. GÜLLÜ LAHMACUN

Ein echter Geheimtipp und der Himmel auf Erden, wenn es um traditionelle türkische Spezialitäten geht! Denn das, was die Betreiberinnen des Güllü Lahmacun in ihrer Küche zaubern, ist alles andere als übliche Imbiss-Kost – alles frisch, nicht fettig und obendrein zu ausgesprochen fairen Preisen. Zur Wahl stehen legendär gute Lahmacuns, Gözleme, Manti und viele Snacks auf die Hand, aber auch ganze Tellergerichte.

Perleberger Straße 56 | Station: Birkenstraße | www.facebook.com/GulluLahmacun | @gullulahmacun

## 99. YA-MAN

Im Ya-Man erlebst du das volle Programm herzlich-authentischer, jamaikanischer Gastfreundschaft! In entspannter Atmosphäre mit Reggae-Musik in Dauerschleife bekommst du Caribbean Soul Food vom Feinsten. Probier dich durch die verschiedenen Fisch- und Fleischgerichte in würzig-pikanten Marinaden mit frischen Bei-

Caribbean Soulfood bei Ya-man

lagen aus Gemüse, Reis und Bohnen, dazu einen Tropic-Cocktail, ganz wie du möchtest mit oder ohne Alkohol, und zum Dessert frische exotische Früchte – Genießerherz, was willst du mehr…?

Gotzkowskystraße 17 | Station: Alt-Moabit/ Gotzkowskystr. | www.ya-man.info

## 100. CAFÉ PFÖRTNER

Es gibt nichts, was es nicht gibt – das zeigt Berlin einmal mehr mit seinem stylishen Café Pförtner im Stadtteil Wedding. Nicht nur die Künstlerszene aus den benachbarten Uferstudios trifft sich hier im ehemaligen BVG-Pförtnerhaus zum Frühstück oder Lunch, auch Touristen und Gourmets sind unter den Gästen zu finden, denn die mediterranen Pasta-Kreationen sind eine echte Wucht! Die Einrichtung Marke Eigenbau verleiht der Location einen ungezwungenen Charme. Das Highlight ist jedoch der alte Berliner Linienbus, der mit Tischen und Stühlen ausgestattet und zum gemütlichen Loungebereich umfunktioniert wurde.

Uferstraße 8 | Station: Nauener Platz | www.facebook.com/cafepfoertner

WEDDING & MOABIT

# PARTYGUIDE Berlin

Hinein ins Nachtleben! Aber wohin am besten? Kaum irgendwo auf der Welt könnte die Qual der Wahl größer sein als in Berlin. An jeder Ecke gibt es coole Clubs und Locations, die zum Tanzen und Feiern einladen.

## HOUSE OF WEEKEND CLUB

### ›› TECHNO, ELEKTRO

Eine coole Rooftop-Bar mit tollem Ausblick ist das House of Weekend nahe dem Alexanderplatz. In dem Club mit Dachterrasse kannst du super zu Elektro und Techno feiern. Immer wieder legen hier bekannte DJs auf. Was mir jedes Mal, wenn ich dort bin, besonders gut gefällt: Man trifft dort Leute aus aller Welt, die zusammen Spaß haben und ausgelassen feiern!

Mitte | Alexanderstr.7 | U-Bahn: Alexanderplatz www.weekendclub.berlin | @weekendclub.berlin

## SISYPHOS

### ›› Techno, House

Nicht nur für Techno-Fans ein echtes Highlight! Dieser einzigartige Club auf dem Gelände einer ehemaligen Hundekuchenfabrik liegt zwar ziemlich weit draußen in Lichtenberg, ist aber eine der außergewöhnlichsten Locations, die Berlin zu bieten hat und deshalb absolut empfehlenswert. Das kleine Partydorf ist eine Wunderwelt für sich mit fünf Dancefloors, einem coolen Open-Air-Bereich, einem

Teich und einer Aussichtsplattform, mit bunten Lampen, umgebauten Fahrzeugen, Kiosk, Imbiss, Sofas im Sand und, und, und … Von Freitag bis Montag kannst du hier durchfeiern, zwischendurch gemütlich chillen und es dir einfach gutgehen lassen.

Lichtenberg | Hauptstr. 15 | Tram: Gustav-Holzmann-Str. | www.sisyphos-berlin.net | @sisyphosberlin

## WATERGATE

### ›› TECHNO, ELEKTRO

SONNENAUFGANG ÜBER DER SPREE INKLUSIVE!

Hier geht's ein bisschen schicker zu: Im Watergate, das in einem ehemaligen Bürogebäude direkt an der Spree eine exponierte Location gefunden hat, kannst du mit den Berliner Hipstern auf zwei Floors drinnen und draußen mit genialem Blick auf die Oberbaumbrücke bis in die frühen Morgenstunden richtig gut tanzen und feiern.

Kreuzberg & Neukölln | Falckensteinstraße 49 | U-Bahn: Schlesisches Tor | www.water-gate.de | @watergate.club.official

## SALON ZUR WILDEN RENATE

### ›› ELEKTRO

Was von außen auf den ersten Blick aussieht wie ein ganz normales altes Wohnhaus, entpuppt sich drinnen als einer der angesagtesten Clubs, die es in der Hauptstadt gibt. Zu meinen Studienzeiten war ich hier fast jedes Wochenende! Hier kannst du dich freitags und sonntags unters partywütige Volk mischen und bei heißen Techno-Beats die Nacht zum Tag machen.

Prenzlberg | Alt-Stralau 70 | S-Bahn: Treptower Park | www.renate.cc | @wilderenate

## FIESERE MIESE AKA. FIESE REMISE

### ›› TECHNO, ELEKTRO, HOUSE

Dass Kreuzberger Nächte echt lang sein können, wirst du merken, wenn du in die Fiesere Miese zum Feiern gehst. In dem angesagten Club, der in einer alten Remise in der Köpenicker Straße untergebracht ist, legen vor allem bekannte Berliner DJs auf und bringen die Stimmung auf den zwei Dancefloors richtig zum Kochen.

Kreuzberg & Neukölln | Köpenicker Str. 18–20 | Bus: 140 Manteuffelstr./Köpenicker Str.| www.facebook.com/fiese.remise

## BERGHAIN

### ›› TECHNO, HOUSE

Wenn du drin bist, hast du es geschafft! Die Türsteher vor dem Berghain sind zwar für ihre Gnadenlosigkeit bekannt, aber trotzdem bilden sich jedes Wochenende endlos lange Schlangen vor dem Eingang des weltberühmten Technotempels, denn die Partynächte sind legendär, und wer reinkommt, kann sich auf ein unvergessliches Erlebnis in einzigartiger Atmosphäre freuen.

Prenzlberg | Am Wriezener Bahnhof | S-Bahn: Ostbahnhof | www.berghain.de | @berghain_panorama_bar

## BEATE UWE

### ›› ELEKTRO

Umgeben von Hochhäusern in der Nähe vom Alex findest du diesen kleinen gemüt-

GUT FÜRS WARM-UP

lichen Club, der für seine lauschige Wohnzimmeratmosphäre bekannt ist. Hier hat man das Gefühl, im kleinen Kreis unter Freunden zu feiern. Und wenn an Sonntagnachmittagen „Beate Barfuß" angesagt ist, wird ohne Schuhe auf Teppichen bei einer Tasse Tee zu chilligen Beats getanzt.

Mitte | Schillingstr. 31 | Station: Jannowitzbrücke | www.beate-uwe.de

## TRESOR CLUB

### ›› TECHNO

Der berühmte Techno-Club in einem ehemaligen Heizkraftwerk ist für seinen rauen Industry-Style und die spektakulären Räumlichkeiten bekannt – den Dancefloor im Untergeschoss erreicht man durch einen 30 m langen Tunnel. DJs aus aller Welt legen hier auf.

Mitte | Köpenicker Strasse 70 | U-Bahn: Heinrich-Heine-Straße | www.tresorberlin.com | @tresorberlin

## OHM CLUB

### ›› ELEKTRO

Dieser verhältnismäßig überschaubare Club gleich neben dem Tresor zählt zu den Top-Adressen im Berliner Nachtleben. Außer mit seinen coolen Partys punktet er mit unterschiedlichen Performances und Installationen wie KOOKOO und Grand Jete.

Mitte | Köpenicker Strasse 70 | U-Bahn: Heinrich-Heine-Straße | www.ohmberlin.com

## HAUBENTAUCHER

### ›› ELEKTRO

Unglaubliche 7000 m² groß ist das Gelände dieses gigantischen Clubs, der mit Swimmingpool, Sonnendeck, Lounges und Liegestühlen in den warmen Sommermonaten ent-

EVENTHALLE GANZJÄHRIG
GEÖFFNET

spannte Stunden in einem einzigartigen Ambiente verspricht. Hier chille ich super gerne im Sommer am Pool und beobachte die Berliner Schickeria.

Friedrichshain | Revaler Straße 99 | U-Bahn: Warschauer Straße | www.haubentaucher. berlin | @haubentaucherberlin

## KATER BLAU

>> ELEKTRO

Der leuchtende Stern am Berliner Techno-Party-Himmel punktet mit seiner tollen Lage direkt am Spreeufer, einem eigenen Partyschiff, seinem kreativen Style, coolen DJs und einem kunterbunten Hippie-Volk, das hier die ausgelassensten Partys feiert.

Prenzlberg | Holzmarktstraße 25 | Bus 300 Lichtenberger Str. | www.katerblau.de | @katerblaugram

## CLUB DER VISIONAERE

>> ELEKTRO

Näher am Wasser geht's nicht: Auf mehreren Holz-terrassen kannst du unter bunten Lichterketten direkt am Treptower Ufer mit netten Leuten die lauen Sommernächte durchtan-zen. Um die kalte Jahres-zeit zu überbrücken, zieht der Club während der Wintermonate auf die MS Hoppetosse, die dauerhaft auf der Spree vor Anker liegt.

Kreuzberg & Neukölln | Am Flutgraben | Bus 165/265 Heckmannufer | www.clubdervisionae-re.com | @club_der_visionaere

## 24-HOUR FOOD

BENEDICT BREAKFAST

Hier gibt's Frühstück, europäische Klassiker, aber auch vietnamesi-sche Omelettes, Tag für Tag.

Uhlandstraße 49
U-Bahn: Hohenzollernplatz

## CASSIOPEIA

>> HIP-HOP, DIVERS

Wenn du mal was anderes hören möchtest als Techno, ist das Cassiopeia die richtige Adresse. Der coole Club in einer umfunk-tionierten Industriehalle spielt von Funk und Ska über Indie und Hardcore bis hin zu Rap und Hip-Hop eine große Bandbreite an Musikrichtungen. Außerdem gibt's hier eine Bühne für Konzerte und andere Live-Acts sowie eine Kneipe, einen Biergarten und im Sommer auch ein Kino im Freien.

Prenzlberg | Revaler Straße 99 | S-Bahn: War-schauer Straße | www.cassiopeia-berlin.de | @cassiopeia_berlin

## SPINDLER UND KLATT

>> HIP-HOP

Mit der Vereinigung von Club, Lounge und Restaurant hat das Spindler & Klatt ein Konzept realisiert, das auch von Stars wie George Clooney und Til Schweiger geschätzt wird. Die außergewöhn-liche Location befindet sich im früheren Korn-speicher der Heeres-bäckerei und hat eine riesige Ter-rasse an der Spree.

Kreuzberg & Neukölln | Köpenicker Straße 16–17 | U-Bahn: Schlesi-sches Tor | www.spindler klatt.com | @spindlerklatt

## YAAM

>> HIP-HOP, BLACK REGGAE

Eine tolle Location an der Spree, die mit einer Strandbar im Sand echtes Südsee-Feeling verbreitet. Das YAAM wird aber nicht nur als Club geschätzt, sondern ist auch in der kreativen Szene zu einem beliebten Treffpunkt für Musiker und (Lebens-)Künstler geworden.

Prenzlberg | An der Schillingbrücke 3 | U-Bahn: Bus 300 Stralauer Platz | www.yaam.de | @yaamberlinofficial

## 24-HOUR FOOD

### BISTRO BAGDAD

Im Bistro neben dem gleichnamigen Restaurant genießen hungrige Clubber nachts türkische Snacks.
Tgl. 24 Std.

Schlesische Str. 2
U-Bahn: Schlesisches Tor

## RITTER BUTZKE

>> ELEKTRO

Das Ritter Butzke, das in einer ehemaligen Fabrikhalle am Moritzplatz zu Hause ist, besticht mit lässigem Industriecharme in bunten Farben und richtig gutem Techno-Sound. Die DJs sind klasse, getanzt wird unter Kronleuchtern und Diskokugeln auf mehreren Floors.

Kreuzberg & Neukölln | Ritterstraße 26 | U-Bahn: Moritzplatz | www.club.ritterbutzke.com | @ritter_butzke

## GOLDEN GATE

>> TECHNO, HOUSE

Das Golden Gate hat selbst dann noch offen, wenn alle anderen Clubs schon längst die Schotten dicht gemacht haben – ein echtes Juwel der Berliner Feierkultur! Der Club unter dem S-Bahn-Bogen in Mitte spielt fast rund um die Uhr einfach großartige Musik.

Mitte | Schicklerstrasse 4 | U-Bahn: Jannowitzbrücke | www.goldengate-berlin.de | @goldengate.berlin

LEGENDÄR FÜR AFTER-HOUR-PARTYS

## GRIESSMUEHLE

>> TECHNO, ELEKTRO, HOUSE

Herrlich entspannt geht es in der Griessmühle zu. Die coole Location am Teltow-Kanal hat so rein gar nichts von einem schicken Hipster-Club, sondern versprüht einen unperfekten, improvisierten Charme.

Auf dem großen Außengelände gibt's einen Steg am Wasser, hübsche Blumenbeete und alte Trabis, im Gebäude selbst kann man auf zwei Dancefloors zu guter Mucke stundenlang feiern.

Kreuzberg & Neukölln | Sonnenallee 221 | S-Bahn: Sonnenallee | www.griessmuehle.de | @griessmuehle

## ABOUT BLANK

>> ELEKTRO, TECHNO, HOUSE, DUBSTEP

Das ://about blank ist ein stark politisch ambitionierter Club, der von einem Kollektiv aus der autonomen Hausbesetzerszene geführt wird. Hier kommt vor allem ein links-alternatives Publikum zusammen, um zu feiern, aber auch, um sich politisch zu positionieren.

Prenzlberg | Markgrafendamm 24 | S-Bahn: Berlin Ostkreuz | www.aboutparty.net | @about.blank.berlin

ENTSPRECHENDES OUTFIT WIRD GERN GESEHEN.

## IPSE

>> ELEKTRO

Die IPSE ist ein hipper Open-Air-Club direkt an der Spree und gehört zum Freischwimmer Restaurant. Hier lässt es sich bei gepflegtem Elektro-Sound prima feiern und chillen.

Kreuzberg & Neukölln | Vor dem Schlesischen Tor 2b | U-Bahn: Schlesisches Tor | www.facebook.com/ipse.offline | @ipse_berlin

In der Metropole ist jeden Tag natürlich eine gigantische Vielzahl von Veranstaltungen geboten, ob Indoor oder Open Air. Aktuelle Infos bieten die zahlreichen Stadtmagazine, online unter www.berlin.de oder print.

## JANUAR

### BERLINER NEUJAHRSLAUF

Wer nicht bis in die Puppen gefeiert hat, beginnt das neue Jahr am 1. Januar mit einem Lauf-Event. Fast 4500 Sportler versammeln sich gegen 12 Uhr am Brandenburger Tor und absolvieren bei bester Laune die 4 km lange Strecke, die über „Unter den Linden" zum Berliner Dom und zurück führt. Vorherige Anmeldung ist nicht nötig, du kannst auch spontan mitlaufen.
www.berliner-neujahrslauf.de

## FEBRUAR

### BERLINALE

Stars und Sternchen fast zum Anfassen: Das mega-bedeutende Filmfestival zieht viele schillernde Figuren in die Stadt, sodass du vielleicht doch einmal einen Blick auf den einen oder anderen Promi erhaschen kannst. Oder du postierst dich am roten Teppich und hast vielleicht das große Los gezogen. Natürlich werden hier die neuesten Streifen präsentiert und prämiert. Der Höhepunkt des zehntägigen Spektakels ist die Verleihung des Goldenen Bären für den besten Film der Berlinale.
www.berlinale.de

## APRIL

### BERLINER FRÜHLINGSFEST

Auf dem Zentralen Festplatz laden diverse Attraktionen Adrenalin-Junkies zu waghalsigen Fahr- und Flugerlebnissen ein. Wer es ruhiger angehen mag, genießt den Rummel aus dem 35 m hohen Riesenrad. Natürlich sind alle kulinarischen Volksfest-Klassiker hier zu haben – wie Pommes und Bratwurst, Knoblauchbaguettes, Waffeln und Zuckerwatte.
www.schaustellerverband-berlin.de

### JAPANISCHES KIRSCHBLÜTENFEST HANAMI

Wenn die Kirschbäume in Berlin erblühen, ist der Frühling in der Stadt angekommen. Die meisten Japanischen Kirschbäume wurden im ehemaligen Grenzstreifen gepflanzt. Mitte April steigt in den Gärten der Welt in Marzahn im japanischen Garten ein wunderbares Kirschblütenfest, auf dem du von Fernost träumen kannst.
www.hanamifest.org

### BERLINER BRATWURSTMEISTERSCHAFT

Es geht – natürlich! – um die Wurst. Berliner und Brandenburger Fleischer liefern sich auf dem Gelände der Domäne Dahlem einen Tag lang einen spannenden Wettkampf um den Titel. Die Besucher dürfen kosten und abstimmen. Zudem organisiert das Freilandmuseum ein attraktives Programm mit Musik, Infos und weiteren Attraktionen.

### SUSHI STREET FOOD FESTIVAL

Ein Paradies für Sushi-Fans. Im Birgit & Bier mit seinem Biergarten am Schleusenufer warten 15 Streetfoodstände auf die Besucher. Begleitet von traditioneller japanischer Musik und köstlichem Sake schmecken die verschiedenen Spezialitäten natürlich noch einmal viel besser. Auch vegetarische und vegane Gerichte sind im Angebot.

## MAI/JUNI

### MYFEST

Das große Straßenfest in Kreuzberg rund um den Mariannen-, den Heinrich- und den Oranienplatz ist ein friedlicher Gegenpol zu den Ausschreitungen, die oft die Stimmung des 1. Mai trüben. Ab 12 Uhr gibt's auf den diversen Bühnen Livemusik, DJ-Musik, Performances und ein buntes Programm der lokalen Initiativen und Guppen. Die Anwohner bieten an ihren Foodständen kulinarische Köstlichkeiten an.

www.myfestev.de

### LANGE NACHT DER WISSENSCHAFTEN

Forschungseinrichtungen aus Natur- und Geisteswissenschaften, Technik und Medizin laden dich an einem Samstag im Juni ein, einen Blick hinter die Kulissen zu werfen. Damit wollen sie auch ein Zeichen gegen Fake News setzen und für eine fundierte Betrachtung der Realität werben.

www.langenachtderwissenschaften.de

### KARNEVAL DER KULTUREN

Ich liebe es, wenn bei diesem Event die verschiedensten Kulturen zusammenkommen. Am Pfingstsonntag gibt es einen Umzug von der Yorckstraße bis zum Hermannplatz mit großen Wagen, auf denen alle möglichen Musikrichtungen gespielt werden und tolle Kostüme zu bewundern sind! Es wird performt, getanzt und vieles mehr. Über Pfingsten ist gefühlt ganz Kreuzberg eine riesige Party. Man kann an Foodständen Essen und Getränke kaufen und die bunte Vielfalt der Stadt genießen.

www.karneval.berlin

### STEGLITZER WOCHE

Zweieinhalb Wochen lang findet im Bäkepark entlang des Teltowkanals eines der ältesten Volksfeste Berlins statt. Hier kommt jeder auf seine Kosten: Adrenalin-Junkies, genauso wie Feuerwerkfans und Liebhaber der kulinarischen Volksfestklassiker. Höhepunkt des musikalischen Rahmenprogramms ist die Verleihung des Kleinkunstpreises an das Steglitzer Supertalent.

www.schaustellerverband-berlin.de

### SPARGELFEST AM BREITSCHEIDPLATZ

Im Frühling dreht sich hier alles um das edle Gemüse. Rund um die Kaiser-Wilhelm-Gedächtniskirche hast du Gelegenheit, verschiedene Spargelarten und Zubereitungen zu kosten. Zudem werden hier unterschiedliche Brandenburger Bierspezialitäten angeboten.

### FÊTE DE LA MUSIQUE

Am 21. Juni zum Sommeranfang steigt an über 100 Locations ein wunderbares Musikfest. Unterschiedlichste Musiker

spielen auf Plätzen, in Parks und auf den Straßen. Du flanierst umher und lässt dich von den Klängen mitreißen. Wenn um 22 Uhr die Open-Air-Sessions enden, geht die Party indoor weiter. Jedes Jahr gibt es andere Highlights – also nichts wie raus und den Sommer begrüßen!
www.fetedelamusique.de

## JULI

### CHRISTOPHER STREET DAY

Für mich echt ein besonderer Tag. Nicht nur, weil ich viele homosexuelle Freunde habe, sondern weil der Tag für Gleichberechtigung und für die Rechte der Lesben, Schwulen, Bisexuellen, Transgender und queren Menschen steht. Die Parade ist eine riesige Party: Viele geschmückte Wagen mit lauter Musik fahren im Schritttempo an der Menge vorbei, die in den buntesten Outfits mitfeiert. Für mich zeigt dieser Tag, was Berlin ist: offen, frei, bunt, unverklemmt, spaßig.
www.csd-berlin.de

### LESBISCH-SCHWULES STADTFEST

Rund um den Nollendorfplatz steigt an einem Wochenende im Juli ein buntes Stadtfest, das vom Regenbogenfonds e.V. organisiert wird. Auf mehreren Bühnen treten diverse Bands auf, die für gute Partystimmung sorgen. Highlight ist die Promi-Talkshow „Das wilde Sofa".
www.stadtfest.berlin

## AUGUST

### BERLIN BEER WEEK

Eine super Einstimmung zur Bierwoche bekommst du auf der Berlin Brews Cruise auf der Spree mit Bierverkostung und After-Party (rechtzeitig Tickets reservieren!). Dann begibst du dich auf die rund 2 km lange Biermeile an der Karl-Marx-Allee zwischen Strausberger Platz und Frankfurter Tor, wo über 300 Brauereien aus 80 Ländern ihre Spezialitäten anpreisen.
www.facebook.com/berlinbeerweek

### LANGE NACHT DER MUSEEN

An einem Samstagabend öffnen 75 Museen ihre Tore – die großen Kulturtempel genauso wie kleine Galerien. 750 spannende Veranstaltungen aller Art wie Tanzspektakel, Performances und Musikacts laden bis spät in die Nacht zu genialen Momenten in tollen Locations ein. Künstler veranstalten Workshops, und an manchen Orten kannst du einen Blick auf Objekte erhaschen, die sonst nicht ausgestellt sind, oder hinter die Kulissen schauen.
www.lange-nacht-der-museen.de

### ZUG DER LIEBE

Ende August fordert die Demonstration „Zug der Liebe" zu mehr Nächstenliebe und sozialem Engagement auf.
www.zugderliebe.org

### EAST SIDE MUSIC DAYS

Tausende Musikfans pilgern zum Street Music Festival an die Spree. Die Hauptbühne liegt am Bootsanleger an der East

Side Gallery, weitere Bühnen sind am Mercedes Platz – und alles ist kostenlos, ein Hutgeld für die Musiker ist allerdings erwünscht.

www.mercedes-platz.de

## SEPTEMBER

### BERLIN-MARATHON

Eine Sportveranstaltung der Superlative mit rund 40 000 Läufern. Die 42,2 km lange Strecke führt in einer großen Schleife durch die Stadt. An Start und Ziel nahe dem Brandenburger Tor sind für die Zuschauer Tribünen aufgebaut, aber auch entlang der Strecke gibt's nette Plätze, um die Läufer anzufeuern. Abends wird auf der großen Abschlussparty ausgelassen gefeiert.

www.bmw-berlin-marathon.com

### FESTIVAL DER RIESENDRACHEN

Auf dem Tempelhofer Feld steigen an einem Samstag gigantisch große Drachen in den Himmel, 2019 war hier ein 47 m langer Tintenfisch zu bewundern. Toll sind auch die Vorführungen mit Lenk- und Großdrachen und das Programm mit Livemusik und Workshops.

## OKTOBER

### FEST ZUM TAG DER DEUTSCHEN EINHEIT

Vom 1. bis zum 3. Oktober feiert Berlin den Tag der Deutschen Einheit: Rund ums Brandenburger Tor läuft auf mehreren Bühnen ein vielfältiges Programm mit Rock, Pop, Blues, Folk und Klassik – da ist für jeden etwas dabei.

### FESTIVAL OF LIGHTS

Das Event findet jedes Jahr zehn Tage lang an verschiedenen Orten in Berlin statt. Hierbei werden bekannte Sehenswürdigkeiten durch Lichtinstallationen angestrahlt und bilden eine unfassbar schön anzusehende Show. Als ich das erste Mal auf diesem Festival war, war meine Mutter bei mir zu Besuch, und wir haben uns das Spektakel am Brandenburger Tor angesehen. Wenn du im Oktober in Berlin bist, darfst du dir diese wunderschöne Lichterkunst nicht entgehen lassen!

www.festival-of-lights.de

## DEZEMBER

### WEIHNACHTSMARKT AM GENDARMENMARKT

Die grandiose Kulisse mit Konzerthaus und Französischem und Deutschem Dom sorgt für ein ganz besonderes Weihnachtsmarkt-Feeling. Kunsthandwerker, ein buntes Showprogramm und viele kulinarische Spezialitäten lassen kaum Wünsche offen.

www.weihnachteninberlin.de

### SILVESTERPARTY AM BRANDENBURGER TOR

Auch am letzten Tag des Jahres steht das Brandenburger Tor im Mittelpunkt, denn hier beginnt die 1,5 km lange Party-Meile, die bis zum großen Stern reicht. Hunderttausende Besucher aus aller Welt strömen hierher und feiern gemeinsam den Jahreswechsel – mit dem großen Countdown, mit Live-Musik und Höhenfeuerwerk. Achtung: rechtzeitig da sein, denn früher oder später wird die Meile wegen Überfüllung geschlossen.

# FESTIVALS

DIE FRAGE IST NICHT OB, SONDERN ZU WELCHEM FESTIVAL DU GEHST. BERLIN HAT AUCH IN DIESER BEZIEHUNG FUER JEDEN ETWAS ZU BIETEN. LASS DICH MITREISSEN VON DEN COOLEN VIBES DER STADT!

## FEEL FESTIVAL

Fünf Tage im Juli erlebst du am Bergheider See auf dem bunten, offenen Festival wunderbare Stunden. Live-Bands spielen alles, von Indie über Alternative bis Rock, aber auch bekannte DJs legen Musik aller Genres wie Goa, World Music, Hip-Hop, House und Techno auf. Theater- und Performance-Vorführungen begeistern genauso wie Yoga- und Zirkus-Workshops. Mit der Bahn fährst du von Berlin rund 130 km südlich nach Finsterwalde in der Niederlausitz (dann Shuttlebusse).
www.feel-festival.de

## NATION OF GONDWANA

Für drei Tage im Juli verwandelt sich das Örtchen Grünefeld am See in eine halbfiktive Parallelwelt, wo sich House- und Technofans zu einer einzigartigen Raveparty einfinden. Grandiose Lichtshows verstärken die Illusion der Anderswelt.

Am besten fährst du von Berlin Hbf mit dem Regionalzug in nur 30 Minuten nach Nauen und nimmst dort den Shuttlebus.
www.pyonen.de

## TAG AM MEER FESTIVAL

Prora auf Rügen liegt natürlich nicht direkt um die Ecke, aber das Festival ist den Inseltrip auf jeden Fall wert. Bunt, tolerant und offen geht es hier im Juli zwei Tage lang am Strand zu, und bei der musikalischen Vielfalt von elektronischer Musik in allen Varianten, Worldmusic, Dub und Reggae wird bestimmt jeder in den Flow kommen. Von Berlin aus fährst du mit der Bahn nach Binz (vier Stunden!) und mit dem Bus weiter.
www.tagammeer-festival.de

## HELENE BEACH FESTIVAL

Drei Tage lang wummert hier Hip-Hop, Elektro, Rock und Pop über den langen Strand des wunderschönen, glasklaren Helenesees. Für 2020 haben sich Capital Bra & Samra und RAF Camora angesagt, dazu gibt's weitere 100 Acts, rund 25 000 Besucher werden erwartet. Mit der Bahn bist du von Berlin in einer Stunde in Frankfurt (Oder), dann fährst du mit der RB 36 nach Helenesee.
www.helene-beach-festival.de

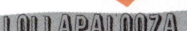

*Outfit-Tipp: Ob ein Look á la Coachella oder nur Jeans & Shirt, hier feiern alle gemeinsam.* ❤

## MIT DIR FESTIVAL

Vier Tage lang im Juli kannst du hier ab-
tauchen in ein Paradies. Oberstes Gebot
sind Respekt, Toleranz und der Schutz der
Erde. In Klingemühle auf einem Gelände
am See organisiert eine bunte Truppe das
Festival, ohne kommerzielle Interessen.
Neben Elektro-Klängen gibt's Workshops,
Poetryslam und vieles mehr. Ganz bequem
kommst du mit dem Bassliner vom Berliner
Ostbahnhof auf das rund 100 km entfernte
Gelände.

www.mit-dir-festival.de

## POP-KULTUR FESTIVAL

Im Prenzlauer Berg steigt im August drei
Tage lang auf dem Gelände der Kultur-
brauerei das Pop, Indie und Electro-
nic Festival, das mittlerweile
10 000 Fans anlockt. Neben
den Hauptacts laden die
Macher auch junge Ta-
lente ein. Das charmante
Industriedenkmal sorgt
für ein besonderes Am-
biente.

www.pop-kultur.berlin

## ALINAE LUMR

Dieses Festival im August entführt dich
aufs Land nach Storkow, rund 70 km von
Berlin. Auf dem Marktplatz, aber auch auf
der Freilichtbühne im Hof der romanti-
schen Burg, gibt es Rock, Pop, Indie und
Elektro. Pralles Leben pulsiert auch in
den Hinterhöfen, und auf den Wiesen und
am See lässt es sich prächtig entspannen.
Mit der Bahn bist du etwa eine Stunde von
Berlin Alexanderplatz aus unterwegs.

www.alinaelumr.de

## LOLLAPALOOZA

Eines der wohl größten Musikfestivals in
Berlin! Hier kommen an zwei Tagen im
Olympiastadion und - park super viele bekannte & neue Musiker aus den verschiedensten Musikrichtungen zusammen. Ich
würde das Genre als „Mainstream mit viel
Pop" beschreiben. Für mich ist das Besondere an diesem September-Festival die
Stimmung. Es herrschen super euphori-
sche und harmonische Vibes, ohne Gedrän-
gel und Geschubse.Hier muss man einfach
eine gute Zeit haben! Hinzu kommt
dann natürlich, dass die Acts
einfach überragend sind. Ich
habe hier schon Künstler wie
The Weeknd, Ben Howard,
Marteria, Georg Ezra und
viele mehr gesehen!

www.lollapaloozade.com

## MELT FESTIVAL

Ein Mega-Ambiente erwartet dich in
Ferropolis, der Stadt aus Eisen, zwischen
Riesenbaggern und idyllischem See. Hier
versammeln sich drei Tage lang trendige
Musikfans, die Experimente wagen und
für die verschiedensten Genres brennen.
Topstars treten hier genauso auf wie ge-
niale Uprising Acts. Die Bahn bringt dich
von Berlin Hbf in rund zwei Stunden nach
Gräfenhainichen.

www.meltfestival.de

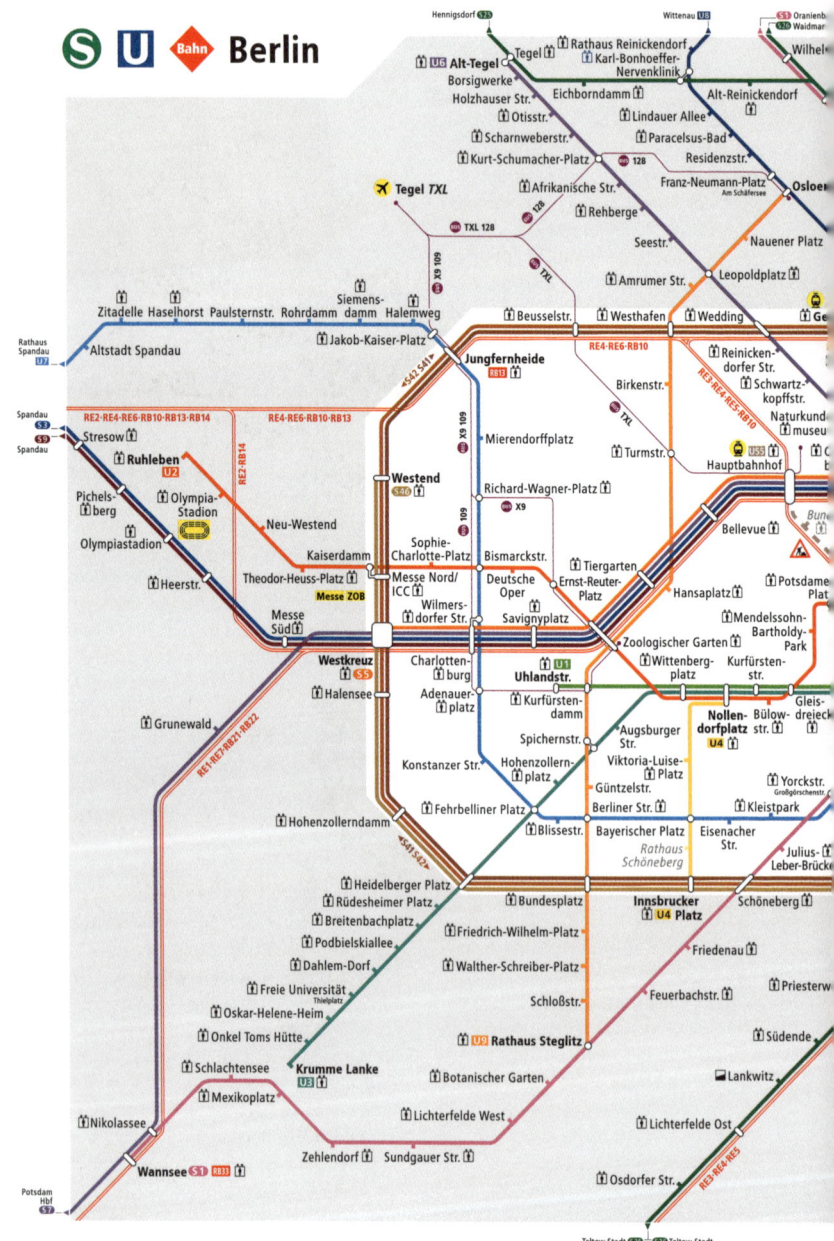

LEAVE ONLY

*Footsteps*

TAKE ONLY

*Memories.*

---

HALT SIE FEST! DEINE GANZ PERSÖNLICHEN
HOT SPOTS, GEHEIMTIPPS & ERINNERUNGEN.

---

Vor der Reise

NICHT VERGESSEN!

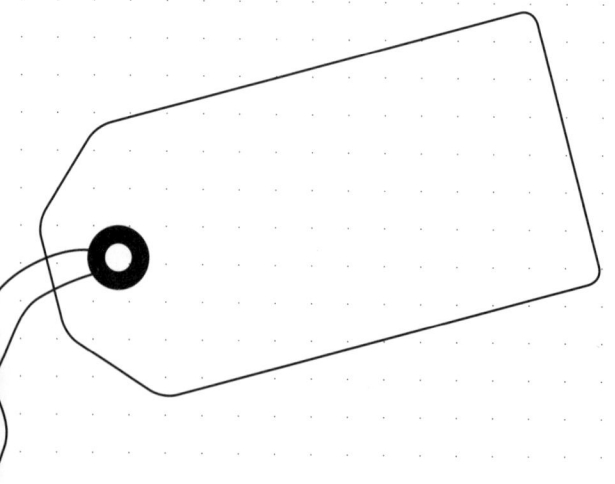

Lieblings Ort

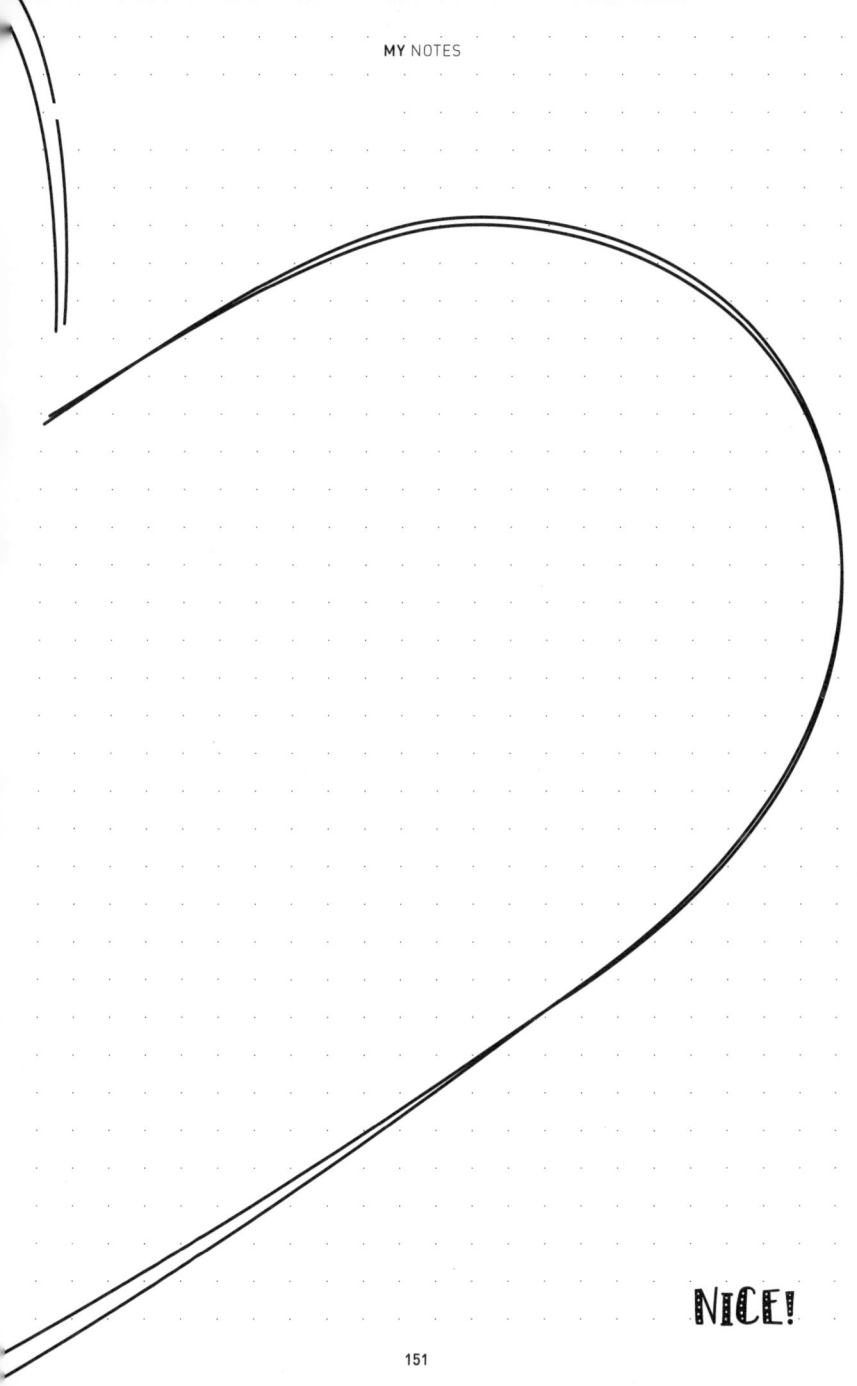

NICE!

WERDE ZUM

# RESTAURANTKRITIKER

*Berlin*

RESTAURANT / CAFÉ

ORT / DATUM

GERICHT

KOMMENTAR

☆ ☆ ☆ ☆ ☆          EMPFEHLENSWERT   YES ☐   NO ☐

RESTAURANT / CAFÉ

ORT / DATUM

GERICHT

KOMMENTAR

☆ ☆ ☆ ☆ ☆          EMPFEHLENSWERT   YES ☐   NO ☐

RESTAURANT / CAFÉ

ORT / DATUM

GERICHT

KOMMENTAR

☆ ☆ ☆ ☆ ☆                    EMPFEHLENSWERT    YES ☐    NO ☐

RESTAURANT / CAFÉ

ORT / DATUM

GERICHT

KOMMENTAR

☆ ☆ ☆ ☆ ☆                    EMPFEHLENSWERT    YES ☐    NO ☐

Yummy, Yummy!

RESTAURANT / CAFÉ

ORT / DATUM

GERICHT

KOMMENTAR

☆ ☆ ☆ ☆ ☆                    EMPFEHLENSWERT    YES ☐    NO ☐

RESTAURANT / CAFÉ

ORT / DATUM

GERICHT

KOMMENTAR

☆ ☆ ☆ ☆ ☆               EMPFEHLENSWERT    YES ☐    NO ☐

RESTAURANT / CAFÉ

ORT / DATUM

GERICHT

KOMMENTAR

☆ ☆ ☆ ☆ ☆               EMPFEHLENSWERT    YES ☐    NO ☐

RESTAURANT / CAFÉ

ORT / DATUM

GERICHT

KOMMENTAR

☆ ☆ ☆ ☆ ☆               EMPFEHLENSWERT    YES ☐    NO ☐

RESTAURANT / CAFÉ

ORT / DATUM

GERICHT

KOMMENTAR

☆ ☆ ☆ ☆ ☆ EMPFEHLENSWERT YES ☐ NO ☐

RESTAURANT / CAFÉ

ORT / DATUM

GERICHT

KOMMENTAR

☆ ☆ ☆ ☆ ☆ EMPFEHLENSWERT YES ☐ NO ☐

RESTAURANT / CAFÉ

ORT / DATUM

GERICHT

KOMMENTAR

☆ ☆ ☆ ☆ ☆ EMPFEHLENSWERT YES ☐ NO ☐

We love
Berlin!

# BILDNACHWEIS

Fotos: Deutsches Spionagemuseum Berlin (27); DuMont Bildarchiv: Sabine Lubenow (76, 93, 99, 102, 114 r., 116); iStock: bluejayphoto (Cover l., 46/47), hanohiki (61), Nikada (12, 65), querbeet (42), SeanPavonePhoto (Cover r.); Laif: Malte Jäger (73), Dagmar Schwelle (127); Liquidrom (84); Laura Lucie Löhr (Cover M., Rückcover, 3 o., 3 u., 4, 17, 18, 19, 20, 22, 25, 32, 33, 34, 35, 38, 39, 50, 52, 58, 60, 62 r., 68, 69, 70, 72, 75, 90, 94, 100 u., 106, 108, 109, 111, 114 l., 126, 128, 129 o., 141, 158); mauritius images: Walter Bibikow (54), Peter Lehner (98), Rene Mattes (96, 120), Rene Meyer (100 o.); mauritius images/age fotostock (86); mauritius images/Alamy: Eden Breitz (85), Peter Ptschelinzew (118); mauritius images/BQ (53); mauritius images/Travel Collection (101); mauritius images/ Westend61 (87); picture-alliance/Arco Images: Schoening (51); picture-alliance/dpa: Gregor Fischer (124 r.), Soeren Stache (124 l.); Shutterstock: Alizada Studios (36), Dante Busquets (47), canadastock (16, 26), Delpixel (112), Ewa Studio (62 l.), Ezume Images (131), FIKIRADAMLARI (130), gguy (119), hanohiki (30/31), Ikars (92), KatjaBartzphotographie (110), Kiev.Victor (49), Sucha Kittiwararat (80), Valeriano Milo (82), Sean Pavone (3 M. r., 24), Plam Petrov (66), Andrey Popov (3 M. l.), Robson90 (97), Werner Spremberg (28), sunfun (117), The World in HDR (82/83), vodograj (40), Rolf G. Wackenberg (113), Matthias Wehnert (64 u.), Yudai (88), Daria Zakharova (48), Andreas Zerndl (64 o.); Sons of Mana (129 u.); Liniennetzplan (S.142) Lizenznummer: BVG-008-1-20.1-1

# IMPRESSUM

1. Auflage, April 2020
ISBN | 978-3-8283-0939-5

Konzeption & Chefredaktion | Selina Louise Missel
Co-Autorin | Laura Lucie Löhr
Produktion | red.sign GbR, Stuttgart
Design & Illustration | Ina-Marie Inderka
Kartografie | Hallwag Kümmerly+Frey AG

Printed in Italy

## Sag uns deine Meinung!

Egal ob du uns von deinem schönsten Urlaubsmoment, dem besten Foodspot oder der coolsten Foto-Location erzählen willst, schreib uns unbedingt! Natürlich freuen wir uns auch über Lob und Kritik zu unseren TravelBooks.

*hello@guideme.ch*

## Hinweis

Dieser Reiseführer wurde natürlich mit allergrößter Sorgfalt und viel Herzblut für dich erstellt und recherchiert, allerdings können dem größten Streber Fehler unterlaufen und manche Adressen und Gegebenheiten ändern sich schneller, als man denkt. Deshalb müssen wir aus rechtlichen Gründen betonen, dass inhaltliche und sachliche Fehler leider nicht ausgeschlossen werden können. Alle Angaben sind ohne Gewähr des Autors oder des Verlages und somit besteht keine Haftung. Sollten dir allerdings Fehler auffallen, freuen wir uns über eine Nachricht von dir an hello@guideme.ch. PS.: Einen kleinen „Fehler-Finderlohn" gibt's dann natürlich auch von uns!

guideme_travel | www.guideme.ch

# Genug von Berlin?

## DANN REISE MIT UNS DOCH MAL NACH...

Deine Lieb-
lingsstadt fehlt?
Dann schreib
uns unter hello@
guideme.ch

UND FÜR DEINEN NÄCHSTEN
ROADTRIP DURCH EUROPA HABEN
WIR AUCH SCHON DAS PASSENDE:
UNSERE CLEVEREN TRAVELMAPS!